이는 내 사랑하는 자요

IVP(InterVarsity Press)는
캠퍼스와 세상 속의 하나님 나라 운동을 지향하는
IVF(InterVarsity Christian Fellowship)의 출판부로
생각하는 그리스도인을 위한 문서 운동을 실천합니다.

Originally published by The Crossroad Publishing Company
as *Life of the Beloved*
by Henri J. M. Nouwen
© 1994 by Henri J. M. Nouwen
Translated by permission of The Crossroad Publishing Company
New York, NT 10017, U. S. A.

Korean edition © 1995, 2020 by Korea InterVarsity Press
156-10 Donggyo-ro, Mapo-gu, Seoul 04031, Republic of Korea.

이는 내 사랑하는 자요

헨리 나우웬 | 김명희 옮김

Ivp

차례

프롤로그: 우정이 시작되다	7
사랑받는 자가 되다	21
사랑받는 자가 되어 가다	33
1. 선택받은 자	42
2. 축복받은 자	56
3. 상처받은 자	72
4. 나누어 주는 자	88
사랑받는 자로 살아가다	107
에필로그: 우정이 깊어지다	119
감사의 글	127

프롤로그: 우정이 시작되다

이 책은 오랜 우정의 열매다. 따라서 이 우정에 관해 이야기하는 것이 책을 읽는 데 도움이 되리라 생각한다. 10여 년 전 예일 대학교 신학대학원에서 교편을 잡고 있을 때였다. 한 청년이 「뉴욕 타임스」의 일요일판 코네티컷주 난에 들어갈 기사를 쓰기 위해 인터뷰하러 나를 찾아왔다. 청년은 자신을 프레드 브랫먼이라고 소개했다. 이야기를 나누기 위해 자리에 앉자마자, 나는 화나면서도 그에게 끌리고 있음을 느꼈다. 분명 자신이 하는 일에 전혀 흥미가 없어 보이는 신문 기자의 모습에 나는 화가 났다. 누군가가 인물 소개란에 적당하다고 나를 추천했기 때문에 찾아왔을 뿐, 청년에게서 나를 알리는 노력이나 나에 대한 기사를 쓰려는 열망이라고는 전혀 찾아볼 수 없었다. 그저 기자로서 해야 할 일을 하러 온 것이다. 인터뷰는 그런 열정 없이도 얼마든지 할 수 있는 일이었다. 그럼에도 불구하고 그에게는 나를 사로잡는 무엇인가가 있었다. 무관심한 얼굴 너머로, 무언가 배우고 창조해 내려 애쓰는 생동감 있는 영혼이 느껴졌기 때문이다. 어쨌든 나는 뛰어난 은사들로 충만하고 그 은사들을 사용할 방법을 열심히 찾고 있는 한 사람과 얼굴을 맞대고 있음을 알았다. 30분가량 우리 둘 다 별 관심이 없는 질문과 응답이 오가고 인터뷰는 끝났다. 하나의 기사가 작성될 것이다. 그리고 몇몇 사람이 그 기사를 읽을 것이고, 기사를 통해 도움을 얻는 일은—있다 해도—거의 없을 것이다. 우리 둘 다 그 사실을 알았고, 우리의 시간을 좀더 유용하게 쓸 수 있었으리라 느꼈다.

청년이 노트를 가방에 넣고 의례적으로 "감사합니다"라고 인사할 때, 나는 그를 똑바로 쳐다보며 말했다. "어때요, 하는 일이 마음에 드나요?" 놀랍게도 청년은 별생각 없이 대답했다. "아뇨, 그저 직업이니까요." 내가 다시 순진하게 "싫은데 왜 그 일을 하죠?"라고 묻자, 그는 "물론 돈 때문이죠"라고 대답하고는 내가 더 질문하기도 전에 이렇게 덧붙였다. "글 쓰는 것은 정말 좋아요. 하지만 이런 짧은 인물 기사는 좌절감을 느끼게 해요. 분량과 형식의 제한 때문에 제가 생각하는 주제를 제대로 다룰 수 없으니까요. 예를 들면, 750 단어만으로 어떻게 선생님과 선생님의 사상을 깊이 있게 다룰 수 있겠어요? 하지만 별수 없잖아요. 먹고 살아야죠. 이런 일을 할 수 있다는 것만으로 만족해요!" 청년의 목소리에서 분노와 체념이 함께 묻어났다.

그 순간 나는 그 청년이 꿈을 포기하기 직전이라는 것을 알았다. 그는 원하지 않는 일을 강요하는 사회라는 구치소에 갇혀 있는 죄수 같았다. 그를 바라보자 말로 표현할 수 없는 깊은 연민과 사랑이 느껴졌다. 빈정거림과 냉소 너머로 아름다운 마음, 즉 풍성한 삶을 살고 창조하고 나누고 싶은 마음을 보았다. 그의 예리함, 자신에 대한 솔직함, 사심 없이 나를 믿는 모습을 보면서 우리의 만남이 우연이 아님을 알았다. 우리 사이에 일어났던 일은, 예수님이 부자 청년을 보시고 '사랑으로 가득하셨을' 때 일어났던 일과 무척 흡사했다(막 10:21).

너무나도 자연스럽게, 그를 억압된 상태에서 풀어 주고, 그가 자신의 가슴속 깊은 욕구를 성취할 방법을 발견하도록 돕고 싶은 열망이 강하게 일어났다.

"당신이 정말 하고 싶은 일이 뭔가요?"

"전 소설을 쓰고 싶어요. 하지만 그럴 수 없을 것 같아요."

"그게 정말 당신이 하고 싶은 일인가요?" 나는 물었다. 그는 화들짝 놀란 얼굴로 나를 쳐다보고는 미소를 지으며 답했다. "네, 맞아요. 하지만 전 소설을 써 본 적도 없고, 저에게 소설가가 될 자질이 있나 싶기도 해요." "그걸 어떻게 알죠?" "잘 모르겠어요. 시간이나 돈, 무엇보다 재능이 필요할 텐데 전 아무것도 없거든요."

이쯤 되자 그에 대해, 사회에 대해 그리고 일이 이렇게 되도록 내버려 둔 나 자신에 대해 화가 났다. 나는 두려움, 관습, 사회의 기대, 자기 비하라는 이 모든 벽을 깨부수어야겠다는 충동을 강하게 느꼈다. 그래서 불쑥 말을 꺼냈다. "직장을 그만두고 소설을 써 보는 게 어때요?" 그는 "그럴 순 없어요"라고 말했다. 그러나 나는 계속 몰아붙였다. "당신이 정말로 원한다면, 할 수 있어요. 시간과 돈의 희생자가 될 필요는 없어요." 바로 그때, 나는 승리가 보장된 전투에 참가하고 있음을 알았다. 그는 내 말 속에 밴 강렬함을 느끼고는 이렇게 말했다. "글쎄요, 저는 그저 신문 기자일 뿐이에요. 그리고 이 일에 만족해야 한다고 생각해요." "아뇨, 그래서는 안 돼요. 당신은 당신의 가슴속 깊은 욕구를 되찾아 진정으로 원하는 일을 해야 해요. 시간과 돈은 진짜 문제가 아니에요." "그럼, 뭐가 문제죠?" 그가 물었고, 나는 "당신 자신이죠"라고 대답했다. "당신은 잃을 게 없어요. 젊고, 힘이 있고, 훈련도 잘 받았어요. 무엇이든 할 수 있어요. 왜 위축된 채 살죠? 왜 희생당하며 사는 거죠? 당신은 하고 싶은 일을 할 자유가 있어요. 당신이 정말로 그 일을 원한다면요!"

그는 더 놀란 듯이 나를 쳐다보며 자신이 어떻게 이런 이상한 대화 속으로 빠져들었는지 의아해했다. "저, 가 봐야겠어요. 언젠가는 소설을 쓰겠죠." 그가 말했다. 나는 그렇게 쉽게 보낼 수 없어 그를 막았다. "기다려요, 프레드. 나는 진심으로 말하고 있어요. 당신이 하고 싶은 일을 하세요." 그러자 빈정대는 목소리로 그가 말했다. "좋게는 들리네요!" 나는 그를 보내고 싶지 않았다. 그러나 내 확신이 위기에 처했음을 알았다. 나는 사람들이 어떤 선택을 할 수 있고, 자신들의 가장 깊은 열망을 따라 그 선택을 할 수 있다고 믿는다. 하지만 그렇게 선택하는 사람들이 거의 없다는 사실도 안다. 대신 자신의 '운명'에 대해 세상과 사회와 다른 사람들을 탓하면서, 삶의 대부분을 불평하면서 허비한다. 그러나 나는 짧은 입씨름 후에, 프레드에게 두려움을 뛰어넘어 자신을 신뢰할 만한 용기가 있음을 알았다. 그리고 그가 그렇게 할 수 있기 전에 내가 먼저 어떤 결단을 내려야 한다는 것을 깨달았다. 그래서 이렇게 말했다. "프레드, 직장을 포기해요. 1년 동안 여기 와서 소설을 써 봐요. 돈은 내가 어떻게 해 볼 테니까요."

나중에—여러 해 후에—프레드는 내가 그렇게 말했을 때 신경이 매우 날카로워져서 나의 동기를 의심했다고 말했다. 그는 이렇게 생각했다고 한다. '이 사람이 정말로 원하는 건 뭘까? 왜 내게 소설 쓸 시간과 돈을 준다는 거지? 믿을 수 없어. 뭔가 다른 게 있을 거야!' 그러나 그는 그것을 내색하지 않고, 거절하기만 했다. "전 유대인이고, 이곳은 기독교 신학교잖아요." 나는 그의 거절에 개의치 않았다. "당신을 객원 연구원으로 대우할 수 있을 거예요. 당신은 원하는 대로 할 수 있어요. 이곳에 있는 사람들은 대학 안에 소설가가 있다는 걸 좋아할 거예요. 그리고 당신은 기독교와 유대교에 대해서도 배울 수 있어요."

몇 달 후 프레드는 우리 학교로 왔고, 소설을 쓰는 데 전념하며 1년을 보냈다. 프레드는 소설을 쓰지는 못했지만 우리는 친한 친구가 되었고, 여러 해가 지난 지금 나는 그 우정의 결과로 이 책을 쓰고 있다.

예일에서 함께 1년을 보낸 후 10여 년 동안, 우리는 처음 만났을 때 기대했던 것과는 전혀 다른 삶을 살았다. 프레드는 아주 고통스러웠던 이혼과 재혼을 거쳐 지금은 아내 로빈과 함께 첫아이를 기다리고 있다. 그동안 그는 여러 직업을 거쳤다. 처음에는 그리 만족하지 못했지만 마침내 자신의 창의력을 최대한 활용할 수 있는 자리를 찾았다. 나의 여정도 그에 못지않았다. 나는 학문 세계를 떠나 라틴 아메리카로 갔다. 그리고 다시 학문 세계로 복귀하려다가, 결국 정신 지체 장애인들과 그들을 돕는 이들이 모여 사는 공동체에 정착했다. 우리의 삶은 분투와 고통과 기쁨으로 가득했고, 우리는 정기적으로 만나서 그러한 경험들을 자세하게 나눌 수 있었다. 분주한 일과, 장거리, 라이프 스타일 등이 원하는 만큼 자주 만나는 데 방해가 되기도 했지만, 시간이 지나면서 우리는 더 가까워졌고 서로를 향한 우정의 중요성도 더욱 알아 갔다.

우정이 시작될 때부터 우리는 서로의 종교 배경이 완전히 다르다는 것을 잘 알고 있었다. 그렇기 때문에 처음에는 서로 영적으로 도와주는 것이 어려울 거라 생각했다. 프레드는 나를 가톨릭 사제로 존경했고, 내 삶과 연구에 깊은 관심을 보여 주었지만, (넓게는) 기독교와 (좁게는) 가톨릭은 그의 여러 관심사 중 하나에 지나지 않았다. 반면 나는 그의 세속적 유대교를 쉽게 이해할 수 있었다. 프레드가 자신의 영적 유산에 더 가까워짐으로써 많은 것을 얻을 수 있으리라 생각은 했지만 말이다. 언젠가 프레드에게 히브리 성경을 읽으면 좋을 거라고 말했던 기억이 생생하다. 그때 프레드는 받아들이지 않았다. "그건 나한테 주어진 말씀이 아니에요. 이상하고 먼 나라 얘기죠." 그래서 나는 "그럼, 최소한 '헛되고 헛되니…모든 것이 헛되도다'로 시작하는 전도서라도 읽어 보게"라고 말했다.

다음 날 프레드가 말했다. "전도서를 읽었어요. 성경에 그렇게 비관적인 말이 있는 줄은 정말 몰랐어요. 나 같은 사람에게는 정말 위안이 되더군요!" 그때 내가 '자네는 훨씬 더 비관적이야'라고 생각했던 것이 기억난다.

둘 다 나이가 들고 성공, 경력, 명성, 돈, 시간에 대한 관심이 사라지자, 우리 관계의 중심에 의미와 목적의 문제가 자리 잡았다.

삶의 많은 변화들 속에서, 우리는 각자의 갈망을 매개로 더욱 친밀해졌다. 환경은 달랐지만, 둘 다 배척과 이별의 아픔을 겪었고, 친밀함과 우정에 대한 갈망이 더 깊어짐을 알았다. 그리고 쓰라림과 분노에 빠지지 않기 위해 둘 다 자신의 가장 깊은 영적 자원에 의존해야 했다. 차이는 별로 중요하지 않았고, 유사점은 더 분명해졌다. 우정이 깊어지고 견고해지면서 영적으로 같은 기반을 갖고자 하는 열망은 더욱 뚜렷해졌다.

어느 날 뉴욕의 콜럼버스가를 걷고 있을 때, 프레드가 나를 보며 말했다. "저와 믿지 않는 제 친구들을 위해 영적인 삶에 관한 글을 써 보는 건 어떠세요?" 내가 쓴 책을 대부분 잘 알고 있던 프레드는 가끔씩 형식과 문체에 대해 충실한 조언을 해 주었지만 내용에는 별 관심이 없었다. 뉴욕이라는 세속 세계에 사는 유태인인 그는, 명백히 기독교적인 용어나 오랜 교회 생활에 근거를 둔 말에서 위로나 도움을 전혀 얻을 수 없었던 것이다. 그는 가끔 말했다. "좋은 말이죠. 하지만 저한테는 아니에요." 그런데 이제 자신과 친구들에게 또 다른 뉘앙스, 또 다른 언어, 또 다른 영적 파장의 경험이 필요함을 강하게 느낀 것이다.

프레드의 친구들을 알게 되고 점차 그들의 흥미와 관심에 공감하면서, 나는 세속화된 사회에서 살고 있는 사람들에게 영성에 대해 말해야 할 필요가 있다는 그의 말을 더 잘 이해하게 되었다. 나의 사고와 글의 대부분은, 수 세기 동안 그리스도인과 유대인의 영적 생활을 풍요롭게 했던 개념과 이미지에 대한 친숙함을 전제로 한 것이었다. 그러나 이 개념과 이미지들은 많은 사람들에게 다가가 그들의 영혼 중심에 도달할 힘을 잃고 있었다.

그와 친구들이 '이해할 수 있도록' 영성에 대해 무언가 말할 필요가 있다는 프레드의 말이 내 머리에서 떠나지 않았다. 그는 큰 도시의 거리를 활보하고 있는 수많은 사람들의 내면에 도사린, 심각한 영적 허기와 갈증에 반응하라고 요청하고 있었다. 더 이상 교회나 회당에 나가지 않는 사람, 또 명쾌한 상담을 해 줄 사제나 목사가 없는 사람들에게 희망의 메시지를 전하라고 요구하고 있었다.

"교수님은 뭔가 하실 말씀을 갖고 계시잖아요." 프레드는 계속해서 말했다. "하지만 그 말씀을 들을 필요가 가장 없는 사람들에게 말하고 계시죠. 사는 게 도대체 무엇인지 회의하고 있는 우리 같은 사람들, 젊고 야심 많고 그리스도를 모르는 사람들을 위해 무엇을 하고 계신가요? 교수님의 전통, 언어, 비전을 함께 나누는 사람들에게 말씀하실 때와 동일한 확신을 가지고 우리들에게도 말씀해 주실 수는 없나요?"

내게 그런 요청을 한 사람은 프레드만이 아니었다. 프레드와 동일한 요청을 하는 사람들은 다른 곳에도 있었다. 내가 속한 공동체에서도, 종교적 배경이 없고 성경을 이상하고 혼란스러운 책으로 여기는 사람들이 그런 제안을 했다. 친척 중에도 오래전에 교회를 떠나 다시는 돌아오려 하지 않는 이들로부터 그런 말을 들었다. 있는 힘을 다해 살아가며, 주말은 월요일 아침에 다시 직장으로 돌아가려고 에너지를 보충하는 짧은 휴일 정도로 생각하는 법률가, 의사, 사업가들로부터도 그런 말을 들었다. 자신을 향해 손짓하는 사회의 여러 요구들을 느끼기 시작하면서도 동시에 사회가 진정한 삶의 방법에 대해서는 가르쳐 주지 않을까 봐 두려워하는 젊은이들로부터도 그런 요청을 들었다.

프레드의 요청은 뉴욕의 한 젊은 지식인이 호기심으로 제안한 것 이상이었다. 그것은 내가 듣고자 마음 문을 열었을 때, 모든 곳으로부터 제기된 간청이었다. 그리고 결국은 내게 가장 적합하면서도 가장 긴급한 요구가 되었다. "우리 마음속에 있는 가장 깊은 갈망에 대해, 우리의 수많은 소원과 희망에 대해 이야기해 주세요. 생존 전략에 대해서가 아니라 신뢰에 대해서, 정서적 욕구를 채우는 새로운 방법에 대해서가 아니라 사랑에 대해 이야기해 주세요. 쉽게 변하는 우리의 관점보다 더 큰 비전에 대해, 미디어의 소음보다 더 깊이 있는 목소리에 대해 들려주세요. 그래요. 우리들보다 위대한 그 무엇이나 누군가에 대해 이야기해 주세요. 하나님에 대해 이야기해 주세요."

"내가 그런 이야기를 할 만한 사람일까?" 나는 대답했다. "그런 이야기를 하기에는 내 삶의 폭이 너무 좁다네. 자네가 원하는 경험이나 지식, 말재주도 없고. 자네와 자네 친구들은 나와는 너무 다른 세계에서 살고 있어." 그러나 프레드는 어떤 변명의 여지도 주지 않았다. "교수님은 하실 수 있어요. 아니, 하셔야만 해요. 교수님이 하시지 않으면 누가 하겠어요? 저하고 자주 만나시죠. 제 친구들과 이야기도 해 보시고요. 보이는 것들을 주의 깊게 관찰하시고, 들리는 것을 주의 깊게 경청해 보세요. 그러면 아무도 귀 기울이지 않았기 때문에 들리지 않았던, 마음 깊은 곳에서 나오는 외침을 발견하실 수 있을 거예요."

프레드의 말을 들었을 때 나는 75번가에 있는 그의 아파트가 생각났다. 험한 세상에 둘러싸인 안락한 그 장소! 수년 전 처음으로 나를 그곳에 데려갔을 때, 그는 아무 장식도 없는 휑한 건물 현관을 눈여겨보라고 했다. 그는 이렇게 말했다. "전부 다 도둑맞았죠. 샹들리에, 벽에 붙은 대리석 조각 등 조금이라도 값나가는 것은 뭐든 도둑맞고 빼앗기죠. 가끔은 환한 대낮에 그런 일이 생겨요." 나는 엘리베이터가 11층에 도착할 때까지 그 안에 빼곡히 서 있던 사람들에게서 기분 나쁜 침묵을 느꼈다. 매우 가까이 있었지만, 너무나 멀게 느껴졌다.

아파트 문을 여는 데 열쇠가 두 개나 필요했고, 콜럼버스가의 소음이 들어오지 않도록 쇠창살로 된 이중창을 구석구석 굳게 닫아야 했다. 분명 안락한 집이었다. 그러나 우리가 그 집에 도착했을 때는, 층 전체가 폭력과 억압, 두려움과 의심, 분노로 둘러싸여 있음을 알 수 있었다. 그곳에서 나는 프레드의 일상생활에 대해 알게 되었다. 아침 일찍 아파트를 나와 군중 틈에 끼어 직장으로 향하고, 전철 안에서 아침 신문을 읽고 나서, 조그마한 사무실에서 금융계 소식지를 만들고, 시끄러운 음식점에서 동료와 함께 점심을 먹고, 셀 수 없이 많은 전화와 팩스로 오후 시간을 소비한 후에, 다시 군중 틈에 끼어 안락한 보금자리로 다시 돌아오는 일상.

이런 장소, 이런 생활 리듬으로 사는 사람들에게 내가 무슨 말을 할 수 있을까? 택시들이 질주하고, 유리로 덮인 사무실 건물들이 하늘을 찌를 듯이 솟아 있으며, 유흥 산업이 밤낮없이 호황을 누리는 세상에 대해 내가 무슨 말을 할 수 있을까? 수년 동안 연구도 하고 기도도 하고 만남도 가졌는데, 아직도 이런 세상에 대해 희망의 메시지를 전할 수 있는 준비가 되어 있지 않은 걸까?

"그러면 어떻게? 어떻게 하란 말인가?" 나는 어떤 반응을 하려는 열정과 하지 않으려는 저항이 내부에서 싸우고 있음을 느끼면서, 프레드에게 물었다. 그는 대답했다. "가장 교수님다운 곳에 있는, 바로 교수님의 마음속에 있는 말씀을 해 주세요. 직접적이고 단순하게, 사랑스러우면서 부드럽게, 그리고 어떤 미안한 감정도 갖지 말고 말씀해 주세요. 교수님이 보시는 것 그리고 우리가 보았으면 하는 것을 이야기해 주세요. 교수님이 듣고 있고 우리도 들었으면 하는 것을 이야기해 주세요. 교수님의 마음 그대로를 따르세요. 그러면 하실 말씀이 있지 않을까요. 두려워하실 필요 없어요. 교수님을 제일 필요로 하는 사람들이 교수님을 가장 잘 도와줄 수 있을 거예요. 저도 그럴 거구요."

마침내 글을 쓰기 시작한 지금, 나는 프레드와 그의 친구들에게 매우 가까이 있어야 글을 쓸 수 있음을 알고 있다. 그들은 나에게 나 자신이 되고 싶어 하는 사람이 되라고 요청했다. 그러나 또한 나를 사랑한다는 확신도 심어 주었다.

나는 개인적인 편지를 쓰듯이 직접적으로 말하기로 마음먹었다. 나는 오직 프레드와 그의 친구들에게 관심을 집중함으로써 마음속에 있는 것을 가장 잘 표현할 수 있었다. 우리 시대와 사회의 중요한 모든 문제를 다룰 수는 없지만, 생명, 빛, 진리를 같이 추구해 나가는 길동무로서 내가 알고 사랑하게 된 친한 친구에게 편지는 쓸 수 있다고 생각했다. 극히 개인적이고 직접적인 글을 통해 많은 이들이 이 영적 추구에 대해 '귀 기울이기를', 또 여기에 동참하기를 바란다.

사랑받는 자가 되다 _____

자네가 자네와 자네 친구들을 위해 영적인 삶에 대한 글을 써 달라고 한 이후로, 나는 자네가 내 편지를 다 읽었을 때 정말 꼭 기억하길 바라는 한마디가 있는지 계속 생각해 보았네. 지난 한 해 동안 내 마음 깊은 곳으로부터 그 특별한 단어가 서서히 떠올랐지. 바로 '사랑받는 자'라는 단어였네. 난 그 단어가 자네와 자네 친구들을 위해 내게 주어진 단어라고 확신하고 있네. 그리스도인이 된 이후로, 나사렛 예수의 세례 이야기에서 이 단어를 처음으로 알게 되었지. "예수께서 세례를 받으시고 곧 물에서 올라오실새 하늘이 열리고 하나님의 성령이 비둘기같이 내려 자기 위에 임하심을 보시더니 하늘로부터 소리가 있어 말씀하시되 이는 내 사랑하는 아들이요 내 기뻐하는 자라 하시니라"(마 3:16-17). 수년 동안 이 말씀을 읽고 설교도 하고 강의도 했지만, 이 말씀이 내가 속해 있던 전통의 한계를 넘어서는 의미를 지니고 있다는 사실을 알게 된 것은 우리가 뉴욕에서 대화를 나눈 이후였지. 수많은 대화 덕분에 난 이런 확신을 갖게 되었네. 바로, 어떤 특별한 전통에 속해 있든 아니든 간에, '이는 내 사랑하는 자요'라는 이 말은 모든 인류를 향한 가장 깊은 진리를 표현하고 있다는 것이지.

프레드, 내가 자네에게 하고 싶은 말은 '이는 내 사랑하는 자요'라는 말뿐이네. 또 내가 바라는 것은, 자네가 사랑만이 지닐 수 있는 온유함과 능력으로 자네에게 주어지는 이 말씀을 듣게 되는 것뿐이네. 나의 유일한 소망은 자네의 존재 구석구석에서 이 말씀이 울려 퍼지게 되는 것이네. "이는 내 사랑하는 자요."

자네에 대한 우정으로 내가 줄 수 있는 가장 위대한 선물은, 자네가 사랑받는 자가 되었다는 사실이네. 또 나는 그 사실을 나의 것으로 주장할 수 있을 때에만 그것을 자네에게 선물로 줄 수 있네. 우정이란 게 무엇인가? 우리가 사랑받는 자가 되었다는 선물을 서로 나누는 것이 아니겠는가?

그렇지, 그 목소리가 있었네. 위로부터, 내 안에서부터 들려오는 목소리. 부드럽게 속삭이기도 하고 크게 선포하기도 하는 목소리. "이는 내 사랑하는 이요. 내 기뻐하는 자라." "너는 아무 소용도 없고 추한 사람이야. 넌 아무런 가치도 없는 사람이야. 비열하고 아무것도 아닌 존재야. 지금과 정반대로 행동하지 않는다면 말이야"라고 외치는 목소리들로 가득한 세상에서 그 목소리를 듣는 것은 분명 쉬운 일이 아닐 걸세.

  이런 부정적인 목소리는 너무 크고 끈질겨서 그대로 믿어 버리기 쉽지. 그것이 위험한 함정이네. 바로 자기 거부의 함정! 지난 몇 년 동안 나는 우리 삶에서 가장 위험한 함정은 성공이나 명예, 권력이 아니라, 자기 거부라는 것을 깨닫게 되었네. 사실 성공, 명예, 권력은 커다란 유혹이 될 수 있지. 그러나 그것들이 유혹이 되는 이유는, 보통 자기 거부라는 더 큰 유혹의 일부가 되기 때문이네. 우리가 가치 없고 사랑스럽지 못하다는 목소리를 믿게 될 때, 성공, 명예, 권력은 쉽게 매력적인 해결책으로 다가오지. 그러나 진짜 함정은 자기 거부일세. 나는 내가 이 유혹에 얼마나 빨리 넘어가는지를 보면서 계속 놀라고 있네. 누군가가 나를 책망하거나 비판하는 즉시, 내가 거절당하거나 홀로 남겨지거나 버림받는 즉시 난 이런 생각을 하지. "그래, 내가 아무것도 아닌 존재라는 사실이 또다시 증명되었군." 주위 환경에 대해 비판적인 시각을 갖는다거나, 나 자신이나 다른 사람들의 한계를 이해하려고 하는 대신, 나 자신을 책망하려 한다네. 그것도 내가 한 행동에 대해서가 아니라 나 자신에 대해서 말일세. 내 마음속의 어두운 면이 이렇게 이야기하지. "나는 아무 소용도 없어. 난 한쪽으로 밀려나 잊히고 거부당하고 버림받아 마땅해."

  아마도 자네는 자기 거부보다는 교만이라는 유혹에 더 빠지기 쉽다고 생각할지 모르겠네. 그러나 사실 교만이란 것도 자기 거부라는 동전의 다른 면이 아니겠는가? 교만은, 자네가 생각하는 자신의 모습으로 보이기 싫어서 자신을 더 높은 자리에 앉히려는 것이 아닌가? 결론적으로 분석해 보면 교만은 무가치감에 대처하는 또 다른 방식이 아닐까? 자기 거부나 교만은 둘 다 우리를 인간 존재의 공통적 실제에서 벗어나게 해서, 그 모습에 이르는 것을 극도로 어렵게―불가능하지는 않더라도―만들지. 나는 내 교만 밑에는 수많은 자기 회의가 자리 잡고 있다는 사실을 잘 알고 있네. 마치 나의 자기 거부 안에 엄청난 자만이 자리 잡고 있는 것처럼 말일세. 내가 의기양양하게 되든 움츠리게 되든 상관없이, 나는 진짜 내 모습에 다가가지 못하고 실제를 바라보는 시각을 왜곡시켜 버리네.

어쨌든 난 자네가 자기 거부의 유혹―교만으로 드러나든지 낮은 자존감으로 표현되든지 간에―을 잘 분별할 수 있기를 바라네. 간혹 자기 거부란 단순히 불안한 사람의 신경질적인 반응으로 보이기도 하지. 그러나 신경질이란, 흔히 훨씬 더 깊은 내면의 어두운 면이 정신적으로 표현된 것이네. 인간의 존재적 실존 중 진정으로 환영받지 못한다고 느끼는 그 어두운 면 말일세. 영적인 삶의 가장 큰 적은 바로 자기 거부일세. 그것이 우리를 '사랑받는' 자로 부르신 거룩한 목소리를 부인하게 만들기 때문이지. 사랑받는 자가 되었다는 것은 우리 존재의 핵심 진리를 표현한 것이네.

나는 아주 직접적이고 단순하게 이 말을 하고 있네. 내 삶에서 사랑받는 자가 된 것에 대한 경험이 전혀 없지는 않았다 하더라도, 그것을 내 삶의 핵심 진리로 주장해 본 적이 없기 때문이야. 나는 줄곧 내가 사랑받는 존재임을 확신시켜 줄 수 있는 누군가나 그 무엇을 찾으면서, 크고 작은 원을 그리며 이 진리 주위를 맴돌고 있었네. 마치 계속 내 존재 가장 깊은 곳에서 "이는 내 사랑하는 이요. 내 기뻐하는 자라"고 말하는 목소리를 듣길 거부하는 것 같았네. 그 목소리는 항상 그곳에 있었지만 나는 이와 다른 더 큰 목소리, "네가 가치 있는 존재임을 증명해 봐. 제대로 된 화끈한 일을 해 봐. 그러면 네가 그렇게 원하는 사랑을 얻을 수 있을 거야"라고 말하는 목소리를 듣기 위해 더 애쓰고 있는 것 같았네. 그러면 내 마음이 고요하고 침잠할 때 속삭이던 부드럽고 온유한 목소리는, 들리지 않거나 적어도 설득력 없는 상태로 남아 있었지.

내가 사랑받는 자가 되었다는 그 부드럽고 온유한 목소리는 여러 가지 형태로 내게 들려왔네. 부모님, 친구들, 선생님, 학생 그리고 내 곁을 스쳐 간 수많은 사람들이 모두 다양한 어조로 그 목소리를 들려주었네. 많은 사람들이 참으로 부드럽고 온유하게 나를 돌보아 주었고, 인내와 오래 참음으로 나를 지도하고 가르쳐 주었네. 내가 포기하려 했을 때 계속하도록 격려해 주었고, 실패했을 때 다시 시작하도록 용기를 북돋아 주었네. 나는 보상도 받았고 성공할 때는 칭찬도 받았네.… 그러나 어쨌든 이 모든 사랑의 표현도 내가 사랑받는 자라는 사실을 확신시켜 주기에는 충분하지 않았네. 외관상 나타나는 강한 자신감 이면에는 이런 의문이 떠나지 않았지. "내게 그렇게 많은 관심을 쏟아 주었던 모든 사람들이 나의 가장 깊은 내면의 자아를 보고 알 수 있더라도 나를 여전히 사랑할 수 있을까?" 내 내면의 어두움에 뿌리를 둔 이 고통스러운 의문이 계속해서 나를 괴롭혔고, 나를 사랑받는 자로 부르는 그 조용한 목소리를 들을 수 있는 바로 그곳에서 도망가게 만들었네.

자넨 내 말을 이해하리라 생각하네. 자네도 나처럼, 자네가 소망하는 궁극적인 내면의 행복감을 줄 수 있는 사람이나 사물 혹은 사건을 기대하지 않았는가? 자넨 가끔 이런 기대를 하지 않는가? "이 책, 아이디어, 학위 과정, 여행, 일, 나라, 관계가 나의 가장 깊은 소원을 이루어 주었으면…"하고 말이야. 그러나 자네가 그런 신비로운 순간을 기대하는 한, 자넨 늘 걱정스럽고 불안할 것이고, 강렬한 욕망을 느끼면서도 결코 온전한 만족을 얻지 못한 채 화난 상태로 허둥지둥 달려가고만 있을 걸세. 자네 알지? 이건 우리를 끊임없이 몰아붙이고 허둥거리게 하지만 결국 우리가 어디로 가고 있는지 혼란스럽게 만드는 강박 관념이란 걸 말야. 이건 영적으로 지치고 고갈되어 버리는 길이지. 영적 죽음에 이르는 길이라구.

그러나 우리가 우리를 죽음에 이르게 해서는 안 되지. 우리는 사랑받는 자니까. 우린 부모님, 선생님, 배우자, 아이들 그리고 친구들이 우리를 사랑하거나 상처를 주기 훨씬 전부터 친밀한 사랑을 받고 있는 자들이지. 그것이 우리 삶의 진리, 내가 자네를 위해 주장하고 싶은 진리라네. '이는 내 사랑하는 자요'라는 목소리를 통해 들리는 진리 말일세.

내면에 집중하여 그 목소리에 귀 기울였을 때 나는 나의 중심에서 이런 말씀을 들었네. "태초에 내가 너를 지명하여 불렀으니, 너는 내 것이라. 또 내가 너의 것이라. 너는 내 사랑하는 자요, 내가 기뻐하는 자라. 땅의 깊음 가운데서 내가 너를 만들었고, 네 모태에서 너와 함께 있었느니라. 너를 내 손으로 조각하였고 내 품의 그늘 안에 너를 숨겼느니라. 나는 한없는 부드러움으로 너를 보고 있고, 엄마가 자기 아이에게 하는 것보다 더 친밀한 보살핌으로 너를 돌보고 있느니라. 네 머리카락도 다 세었고 너의 모든 발걸음을 인도하고 있느니라. 네가 어디를 가든 내가 너와 함께하고, 네가 어디서 안식하든 내가 지키리라. 너의 모든 배고픔을 만족시켜 줄 양식을 주고 너의 모든 갈증을 해갈시켜 줄 음료를 주리라. 내가 너에게서 내 얼굴을 숨기지 않으리라. 내가 나를 알듯이 너를 아는 것처럼,

너도 너 자신을 알듯이 나를 알게 되리라. 너는 내 것이라. 내가 너의 아버지, 어머니, 오빠, 누나, 애인, 배우자…그래, 너의 아이까지 되어 줄 것이라. 네가 어디에 있든 내가 거기 있을 것이라. 그 어떤 것도 우리를 갈라놓지 못할 것이라. 우리는 하나이니라."

자네를 사랑받는 자로 부르신 그 목소리에 아주 세심하게 귀 기울이는 순간마다, 자네는 더 오래 그리고 더 깊게 그 목소리를 듣고 싶어 하는 내면의 욕망을 발견하게 될 걸세. 그것은 사막에서 샘을 발견한 것과도 같지. 일단 물기가 있는 땅을 접하게 되면 더 깊이 파고 싶어 하지 않겠는가?

난 요즘 파고들어 가는 일을 하고 있네. 그리고 이제 막 건조한 사막을 뚫고 솟아나는 작은 물줄기를 발견했네. 나는 계속 파들어 가는 작업을 해야만 하네. 그 작은 물줄기는 사막 같은 내 삶 아래 깊숙이 숨어 있는 거대한 저수지로부터 흘러나오기 때문이지. 그 일이, 궁극적으로 내 갈증을 해갈시켜 줄 수 있는 곳으로 이끄는 힘들고 고통스러운 작업을 가리킨다면, '파고들어 간다'는 표현이 가장 적당한 말은 아닐지도 모르겠네. 아마도 내가 해야만 하는 일은 우물을 덮고 있는 건조한 모래를 제거하는 일일 걸세. 우리 삶에는 아주 거대한 모래더미가 있을지도 모르네. 그러나 우리의 갈증을 해갈시키기를 간절히 원하시는 그분이, 우리가 그 모래를 제거할 수 있도록 도와주실 걸세. 우리에게 정말로 필요한 것은, 물을 발견하고자 하고 그 물을 마시고자 하는 강한 열망뿐이네.

자넨 나보다 나이를 덜 먹었지. 자넨 아직도 영적인 삶이 자네의 모든 정력을 쏟을 가치가 있는지 확인하기 위해 좀더 많이 그리고 좀더 오랫동안 살펴보고 싶겠지. 그러나 나는 자네를 향해 어떤 조바심을 느끼고 있네. 자네가 시간을 너무 낭비하지 않기를 바라기 때문이야. 나는 살 날보다 살아온 날이 더 많네. 자네는 그렇지 않기를 바라네. 그래서 나는 이제 더 이상, 자네를 복잡하게 만들 뿐인 탐색 작업에 말려들 필요가 없음을 확신시켜 주고 싶네. 자넨 교묘한 세상의 희생자가 되어서도 안 되고 어떤 종류의 중독에 빠져서도 안 되네. 자네는 지금 진정한 내면의 자유를 향해 팔을 뻗어, 그것을 더 확실하게 발견하기로 결심해야 하네.

그래서 자네가 사랑받는 자로서의 여행을 시작하겠다는 의사가 있다면, 자네에게 할 말이 더욱 많네. 영적인 삶의 여정은 결단을 요구할 뿐 아니라, 건너갈 지형에 대한 지식도 필요하기 때문이지. 난 자네가 우리의 영적 선조들처럼 광야에서 40년 동안 방황하게 내버려 두고 싶지 않네. 또 내가 머물렀던 것만큼 그곳에 머물게 하고 싶지도 않네. 자넨 내가 진정으로 사랑하는 가장 귀한 친구가 아닌가! 누구나 스스로 배워야 하는 것이 사실일지라도, 사랑하는 사람이 우리가 저질렀던

실수를 반복하지 않도록 해 줄 수는 있다고 믿네. 영적 생활의 지형에 대해서는 안내가 필요하지. 나는 이제부터 자네를 위해 쓰고자 하는 페이지마다 자네의 안내자가 되고 싶네. 따라가는 일에 계속해서 흥미를 느끼기 바라네.

사랑받는 자가 되어 가다

진리의 구현

사랑하는 친구여, 사랑받는 자가 되는 것은 영적 삶의 출발점이기도 하고 그 삶의 완성이기도 하지. 내가 이렇게 말하는 것은, 우리가 이 진리를 맛보자마자 그 진리의 충만함을 향한 여행을 시작하게 되고, 그 진리 안에서 안식할 수 있을 때에야 진정한 안식을 누릴 수 있기 때문이지. 사랑받는 자가 되었다는 진리를 주장하는 그 순간부터, 우리는 사랑받는 자가 되어 가라는 부르심에 직면하게 되네. 사랑받는 자가 되어 가는 것은 우리가 해야만 하는 위대한 영적 여행이지. "오 하나님! 주님 안에서 안주할 때까지 내 영혼은 평안하지 못합니다"라는 아우구스티누스의 말이 이 여행을 잘 표현해 주고 있네. 내가 항상 하나님을 찾고, 항상 온전한 사랑을 발견하려 애쓰고, 완전한 진리를 갈망한다는 사실은, 이미 하나님과 사랑과 진리를 맛보았다는 뜻이지. 나는 이미 어느 정도 내게 알려진 무엇을 찾을 수 있을 뿐이네. 내 마음 깊숙한 곳에 아름다움이나 진리 같은 것이 이미 알려지지 않았다면, 어떻게 아름다움이나 진리를 추구할 수 있겠는가? 그건 마치 모든 인간이 내면 깊은 곳에, 잃어버렸던 낙원에 대한 기억을 가지고 있는 것이나 마찬가지야. 아마 '낙원'이라는 단어보다는 '순결'(innocence)이라는 단어가 더 나을 것 같네. 우리가 죄의식을 갖기 전에는 죄 없는 순결한 상태였다네. 어두움으로 들어가기 전에는 빛 가운데 있었고, 본향을 찾으려 하기 전에는 본향에 있었지. 우리의 정신과 마음 깊숙한 곳에 우리가 찾고 있는 보물이 숨겨져 있네. 우린 그 보물의 귀중함을 알고 있고, 그것이 우리가 가장 갖기 원하는 선물, 즉 죽음보다 더 강한 삶이라는 선물임을 알고 있네.

우리가 사랑받는 자일 뿐 아니라 사랑받는 자가 **되어 가야** 한다는 것이 사실이라면, 곧 하나님의 자녀**일** 뿐 아니라 하나님의 자녀가 **되어 가야** 한다는 것이 사실이라면, 형제요 자매**일** 뿐 아니라 형제요 자매가 **되어 가야** 한다는 것이 사실이라면… 이 모든 것이 사실이라면, 이 되어 가는 과정은 어떤 것인가? 영적인 삶이 이미 있는 존재의 삶일 뿐 아니라 그 존재로 되어 가는 방식이라면, 이 되어 가는 것의 본질은 무엇이란 말인가?

자넨 실용주의적 기질이 다분하니까, 우리가 어떻게 처음의 순결함에서 두 번째 순결함을 소유할 수 있는지, 어떻게 처음의 유년 시절에서 두 번째 유년 시절을 겪을 수 있는지, 어떻게 사랑받는 자가 된 상태에서 온전히 사랑받는 자가 되어 갈 수 있는지에 대해 질문하겠지. 이건 아주 중요한 질문이네. 이 질문이 우리를 낭만주의나 이상주의에서 벗어나게 해 주고, 일상생활의 아주 구체적인 부분을 다루게 하니까 말일세. **사랑받는 자가 되어 가는 것은, 우리가 생각하고, 말하고, 행동하는 모든 것에서 사랑받는 자가 되었다는 그 진리를 구현하는 것이네.** 그것은 그 진리를 삶으로 드러내는 길고 고통스러운 과정을 수반한다네. '사랑받는 자가 되었다'는 개념이 나의 삶을 장식한 아름다운 생각이나 고상한 개념에 지나지 않아서 내가 낙담하지 않도록 하는 역할만 한다면, 실제로 변하는 것은 아무것도 없네. 정말 필요한 것은, 일상적인 실존의 모든 영역에서 사랑받는 자가 되어 가는 것이네. 내가 알고 있는 진정한 나 자신의 모습과, 일상생활 속에 수없이 존재하는 구체적인 실제들 사이의 간격을 조금씩 조금씩 좁혀 가는 것이지. 사랑받는 자가 되어 가는 것이란, 그 진리 곧 위로부터 아래로 실제로 매시간 내가 생각하고 말하고 행동하는 일상사 속으로 계시된 그 진리를 붙잡는 것이네.

자네의 삶과, 로빈과 자네 친구들의 삶을 생각할 때마다,

자네가 받고 있는 압력들을 아주 잘 인식하게 되네. 자네와 로빈은 뉴욕 중심가의 작은 아파트에 살고 있지. 자넨 집세와 양식을 위해 계속해서 일해야만 하지. 또 전화받는 일에서 편지 쓰는 일, 물건을 사고 요리를 하고, 가족과 친구들에게 연락하고, 자네가 사는 도시, 나라, 세계에서 어떤 일이 일어나고 있는지에 대해 정보를 수집하는 일에 이르기까지 수없이 많은 일을 해야 하네. 이 모든 것은 한 사람이 감당하기에는 너무 많은 것 같네. 그리고 이렇게 일상생활과 관련된 단순하고 구체적인 것들이, 흔히 대화의 소재가 되지. "어떻게 지내나?"라는 질문을 받으면, 대개 결혼, 가족, 건강, 일, 돈, 친구들, 가까운 미래의 계획과 같이 아주 구체적인 이야기를 하게 되지. 그러나 그런 질문을 받고 우리가 존재하는 목적이나 그 기원에 대한 깊은 생각을 말하는 경우는 거의 없네. 그럼에도 불구하고 나는 우리 존재의 목적과 기원은, 일상생활에서 생각하고 말하고 행동하는 방식과 관계가 깊다고 굳게 확신하네. 우리 내면의 가장 깊숙한 곳에 우리가 사랑받는 자가 되었다는 진리가 자리 잡고 있다면, 그리고 우리가 그 진리를 온전히 주장함으로써 가장 큰 즐거움과 평화가 생겨난다면, 그것은 우리가 먹고 마시고 말하고 사랑하고 놀고 또 일하는 와중에서 생생하고 실제적으로 드러나게 되지. 삶의 가장 깊은 곳에서 흐르는 조류가 표면의 파도에 영향을 미칠 수 없다면, 결국 우리의 생명력은 시들게 되고, 바쁜 와중이라도 활기 없고 따분해지고 말걸세.

그래서 이제 나의 임무는 사랑받는 자가 되어 가는 과정에 대해 쓰는 것이네. 그것이 아주 구체적인 일상생활에 자리 잡을 수 있도록 말일세. 내가 묘사하려는 것은, 우리 가운데서 또 우리 주위에서 역사하시는 성령의 움직임이네. 자네도 알다시피 우리는 아주 '심리적인' 시대에 살고 있네. 우리는 우리의 정서, 감정, 열정에 대해 많은 것을 알고 있지. 과거의 경험과 현재의 행동 사이에 존재하는 수많은 상관관계들도 잘 알고 있네. 우리 자신의 성심리 발달에 대해 알 만한 건 다 알게 되었고, 우리가 어떤 대상의 희생물이 되는 순간과 진정한 자유를 누리는 순간도 쉽게 구분할 수 있네. 또 방어적인 상태가 무엇인지도 아네. 우리의 필요와 두려움을 타인에게 투사하는 것도 알고, 자기 회의가 창조성에 쉽게 방해가 될 수 있음도 알고 있네. 내 질문은 우리가 심리적 여정에 대해서처럼 영적 여정에 대해서도 명료하게 표현할 수 있느냐 하는 것이네. 우리가 정신의 '역학'을 알듯이, 사랑받는 자가 되어 가는 신비로운 과정도 구체적으로 알 수 있겠는가?

자넨 정신의 역학이란 성령의 움직임과는 아주 다른 것이 아닌가 하고 생각할지 모르겠네. 나도 그렇다고 생각하네. 그것들이 여러 면에서 관계가 있고 교차점이 있다 할지라도 말일세. 내가 묘사하고 싶은 것은, 사랑의 성령께서 어떻게 우리가 일상적으로 수행하는 분투에서 역사하시며, 우리가 어떻게 이 역사를 확인하는 훈련을 개발하고 행동으로 그에 반응할 수 있는가에 대한 것이네.

우리 삶에서 성령의 역사를 확인하기 위하여, 나는 '선택받은', '축복받은', '상처받은', '나누어 주는'이라는 네 단어를 사용하는 것이 도움이 됨을 알게 되었네. 이 단어들은 사제로서의 내 삶을 요약해 주기도 하지. 왜냐하면 나는 매일 공동체 구성원들과 식탁에 둘러앉을 때, 빵을 취하고 축복하고 떼어서 나누어 주기 때문이지. 또 이 단어들은 그리스도인으로서의 내 삶도 요약해 주네. 그리스도인으로서 나는 세상을 위한 양식이 되도록 ─ 선택받아서, 축복받고, 상처 입고, 나누는 ─ 부름을 받았기 때문이지. 그러나 가장 중요한 것은 그 단어들이 인간으로서의 내 삶을 요약해 준다는 점이네. 내 삶의 모든 순간에, 어디에선가 또 어떻게든, 선택받고, 축복받고, 상처 입고, 나누는 행동이 있기 때문이지.

나는 이 시점에서 이 네 단어가 내 삶에서 가장 중요한 단어가 되었음을 이야기해야겠네. 나는 그 의미들을 서서히 알아 가면서, 그 심오한 의미까지는 결코 다 알 수 없을 것임을 알았네. 이 단어들은 가장 개인적이면서도 가장 보편적인 말들이지. 가장 영적이면서도 가장 세속적인 진리를 표현한다네. 또 가장 신적인 행동은 물론 가장 인간적인 행동에 대해서도 이야기해 주지. 그 단어들은 높은 곳은 물론 낮은 곳에도 닿아서, 하나님은 물론 모든 인간도 포용한다네. 인생의 복잡성을 간명하게 표현하면서도 끝없이 펼쳐지는 인생의 신비도 포용하네. 또 이스라엘의 위대한 예언자들의 삶과 나사렛 예수의 삶뿐 아니라, 우리의 삶도 이해할 수 있는 열쇠가 되지. 내가 이 단어들을 선택한 이유는, 이것들이 내 존재에 아주 깊이 새겨졌을 뿐만 아니라, 이것들을 통하여 하나님의 사랑받는 자가 되어 가는 방법을 알게 되었기 때문이네.

1. 선택받은 자

사랑받는 자가 되기 위해서는 무엇보다도 먼저 우리가 붙잡힌 존재가 되었음을 주장해야만 하네. 처음에는 이 말이 아주 이상하게 들릴지 모르지만, 붙잡힌 존재가 된다는 것은 사랑받는 자가 되어 가는 과정에서 필수적이지. 이미 언급했듯이, 우리는 이미 사랑받는 존재임을 알 때 사랑받는 자가 되어 가고 싶은 소원을 가질 수 있네. 따라서 영적인 삶의 첫 단계는, 우리의 전 존재가 이미 붙잡힌 바 되었음을 인정하는 것이네.

이쯤 되면 다소 차갑고 팍팍한 '붙잡힌'이라는 말 대신에, 동일한 의미를 지니면서도 더 따뜻하고 부드러운 단어인 '선택받다'라는 표현을 사용하는 것이 도움이 될 걸세. 하나님의 자녀인 우리는 하나님의 선택을 받은 자들이네.

이 '선택받은'이라는 단어가 자네에게도 적용되기를 바라네. 자네에게는 이 단어가 아주 특별한 의미를 내포하고 있을 걸세. 자네는 유대인이기 때문에, 하나님의 선택받은 백성이라는 표현이 가진 긍정적·부정적 의미들을 알고 있지. 자네는 종종 자네 가족의 풍요로운 유산, 선조들의 깊은 신앙, 부모님이 물려받으신 자네 민족의 성스러운 역사와 전통에 대해서 많이 이야기하곤 했지. 그러나 또한 이 '오래된' 나라의 비참한 역사와, 자네 어머니와 아버지를 미국으로 오게 했던 그 길고도 고통스러운 여행도 이야기했었지. 직접 박해를 당하지 않았다 하더라도, 그것이 자네의 삶에서 얼마나 많은 부분을 차지하는지 그리고 자네 삶의 이면에 얼마나 놀라울 정도로 가까이 있는지 자넨 아주 잘 알고 있네. 자넨 내게 반유대주의가 항상 이런저런 형태로 주위에 도사리고 있음을 알게 해 주었지. 그리고 유럽과 북미에서 일어난 최근의 사건들도 '유대인 비난 감정'이 과거의 일만이 아니라는 확신을 확증시켜 주었다고 말했지. 자네가 어떤 면에서는 선택받았다는 개념에 저항할지라도 나는 놀라지 않을 걸세. 내 삶에도 그러한 부분이 있음을 인정하니까. 서품을 받은 사제인 나는 종종 특별한 사람으로, '따로 구별된' 존재로, 다르도록 선택된 존재로 대우받곤 하네. 그러면 나는 '단지 나'라는 사실을, 또 상급자로 대우받거나 특별한 사람으로 취급받고 싶은 생각이 전혀 없다는 것을 보여 주려고, 아니 증명하려고 애쓰네. 자네가 분명히 알고 있듯이, 선택받은 자로 여겨질 때는 칭송을 받는 것만큼 박해도 받아야 한다는 사실을 나도 알고 있네.

그럼에도 불구하고 내가 굳게 믿는 것은, 영적인 삶을 살기 위해서는 우리가 '붙잡힌' 혹은 '선택받은' 자임을 주장해야만 한다는 것이네. 그럼 이 단어들을 좀더 자세히 설명해 보겠네. 내가 선택받았을 때 나는 특별한 사람으로 보인다는 것을 알았네. 누군가가 나의 독특함을 알아차리고, 나를 알고 싶다는, 나에게 가까이 오고 싶다는, 나를 사랑하고 싶다는 욕망을 표현했지. 사랑받는 자로서 우리가 하나님의 선택을 받은 자라는 사실을 쓰면서 내가 자네에게 말하고자 하는 것은, 하나님이 영원무궁토록 우리를 독특하고 특별하고 귀한 존재로 보신다는 것이네. '선택받은'이라는 단어가 내게 의미하는 그 깊이를 제대로 표현하기란 아주 어렵네. 그러나 자네가 내면에서부터 나의 말에 귀 기울여 듣고 싶은 마음이 생기기를 원하네. 자네는 태어나서 역사의 일부가 되기 오래전부터 영원무궁토록 하나님의 가슴에 존재하고 있었네. 부모님이 자네를 귀여워하시기 오래전에, 친구들이 자네의 재능을 인정하기 오래전에, 선생님, 동료, 고용주들이 자네를 인정하기 오래전에, 자네는 이미 '선택'을 받았네. 자네를 귀한 존재로, 무한한 아름다움을 지닌 존재로, 영원한 가치를 지닌 존재로 바라보고 있는 사랑 어린 눈길이 있네. 사랑이 누군가를 선택할 때, 그것은 선택받는 사람의 독특한 아름다움을 민감하게 느끼는 가운데, 어느 누구도 배제된다는 느낌이 들지 않도록 하면서 선택하는 것이네.

　우리는 여기서 위대한 영적 신비와 접하게 되네. 그것은 바로 우리가 선택받는다고 해서 다른 사람은 거절당하는 것이 아니라는 것이네. 지금같이 경쟁적인 세상에서는 이런 생각을 하기 쉽지 않지. 선택받는 것에 관한 나의 모든 기억은, 다른 누군가는 선택받지 못했다는 사실과 연결되어 있네. 축구팀에 뽑히지 못했을 때, 보이스카우트 순찰대의 리더로 뽑히지 못했을 때, 혹은 서품식에서 수석 사제로 뽑히지 못했거나 특별한 상으로 인정을 받지 못했을 때, 항상 눈물과 함께하는 미소가, 미소와 함께하는 눈물이 있었네. 언제나 경쟁과 비교가 있었네. 얼마나 자주 이런 말이 필요했는지…. "네가 뽑히지 못했다고 해서 훌륭하지 못한 것은 아냐. 단지 다른 누군가가 조금 더 낫다는 것이지." 그러나 거절당했다는 느낌이 워낙 강해서 그런 말도 거의 위로가 되지 못했네. 그리고 내가 최고의 자리에 뽑히거나 택함 받았을 때는, 그 자리에 있지 못하는 다른 사람들이 얼마나 실망스러울지를 생각했네. "자네가 뽑힌 건 다른 사람들이 훌륭하지 못하다는 의미가 아니라 자네가 조금 낫다는 것뿐이지." 이런 말이 필요할 때가 바로 그러한 때였네. 그러나 이 말 역시 다른 사람들이 나만큼 행복하도록 할 수 없었기에 큰 도움은 되지 못했네. 이 세상에서 선택받는다는 것은 다른 사람과 크게 구분된다는 의미일 뿐이지.

요즘같이 극도로 경쟁적인 사회에서는 '선택받은 이들'을 특별히 주의를 기울여 본다는 사실을 자네도 알거야. 모든 잡지들이 스포츠, 영화, 음악, 연극의 '영웅'들을 소개하고, 다른 사람을 능가하는 방법을 알려 주는 데 혈안이 되어 있지. 그들은 '선택받은 이들'이고, 독자든 청취자든 시청자든 그들에 대해 열광하는 이들은, 그들에 대해 알거나 가까워짐으로써 대리 만족을 얻으려 하지.

그러나 하나님의 사랑받는 자로 택함 받았다는 것은 차원이 완전히 다르다네. 다른 사람을 제외시키는 것이 아니라 포함시키기 때문이지. 그들을 가치 없는 존재로 여겨 거부하는 대신, 그들만이 가진 독특함을 인하여 그들을 받아들인다네. 경쟁적인 선택이 아니라 긍휼로 인한 선택이지. 우리의 지성으로는 이러한 사실을 이해하기가 아주 어렵네. 우리의 지성은 그것을 결코 이해할 수 없을 걸세. 아마도 우리의 마음만이 이해할 수 있을 걸세. 우리는 '선택받은 민족', '선택받은 재능' 혹은 '선택받은 친구들'에 대해 들을 때마다 거의 자동적으로 뛰어난 사람을 떠올리고, 그들에 대해 질투나 화, 분노 같은 감정을 갖게 되는 걸 발견하네. 때론 다른 사람들이 선택받았다는 생각이 공격이나 폭력, 전쟁으로 이어지기도 하지.

그러나 자네에게 간곡히 부탁하네. '선택받은'이라는 단어를 세상에 넘겨주지 말게. 그것을 자네의 것으로 주장하게나.

그 단어를 이해할 수 없을 때라도 말일세. 자네가 선택받은 자라는 진리를 꼭 붙잡게. 이 진리는 자네가 사랑받는 자로서의 삶을 영위해 나갈 수 있는 기초가 된다네. 선택받았다는 사실을 놓치고 산다면, 그건 자신을 스스로 거부의 유혹에 노출시키는 것일세. 그 유혹은 사랑받는 자로서 성장할 수 있는 가능성을 손상시켜 버리지.

나는 내 내면의 목소리뿐 아니라 주변을 바라볼 때도, 나에게 이렇게 말하는 어두운 목소리에 압도되어 버리네. "넌 특별한 존재가 아냐. 수백만 명 중에 한 사람일 뿐이야. 네 목숨은 먹여 살려야 할 하찮은 입 중 하나에 불과해. 너의 필요 때문에 풀어야 할 숙제만 하나 더 생겼을 뿐이야." 특히 깨진 관계들이 두드러지는 시기에는 이 목소리들이 점점 강력해지지. 많은 아이들이 세상에서 진정으로 환영받지 못한다고 느끼고 있네. 그 아이들의 불안한 미소 뒤에는 종종 '나는 진정 환영받는 존재인가?'라는 의심이 숨어 있네. 어떤 젊은이들은 어머니에게 이런 말까지 듣곤 하지. "난 정말 네가 생기지 않길 바랐어. 하지만 임신했다는 걸 알고는 어쩔 수 없이 널 낳기로 했단다…너는 어쩌다 생긴 존재야." 이런 말이나 태도는 '선택받은' 느낌을 갖게 하는 데 결코 도움이 되지 않는다네. 이 세상은 태어나지 않았으면 더 좋았겠다고 회의하는 사람들로 가득 차 있네. 우리에게 생명을 주신 분이 우리를 사랑하심을 느끼지 못할 때, 우리는 쉽게 우울과 절망, 자살로까지 이어질 수 있는 낮은 자존감을 갖게 되고, 그로 인해 일평생 고통을 겪게 되지.

이렇게 극도로 고통스러운 현실 속에서, 세상이 우리를 택하지 않을 때라도 우리는 하나님의 선택받은 자들이라는 진리를 과감하게 다시 알려야 하네. 우리가 선택받느냐 마느냐가 부모님, 형제자매, 선생님, 친구들에게 달려 있는 한, 우리는 효용성과 통제라는 기준에 따라 우리를 받아들이기도 하고 거부하기도 하면서 우리 목을 조이는 세상의 노예가 되네. 이러한 인식을 개선하는 작업은 힘든 과정이며 일생이 걸리는 과업이라네. 세상은 끈질기게 우리를 자기 회의, 낮은 자존감, 자기 거부, 우울이라는 암흑으로 잡아당기고 있기 때문이야. 또한 우리를 에워싼 권력들이 우리를 너무나 쉽게 이용하고 조종할 수 있는 것은, 우리가 불안정하고 두려움과 자기 비하에 빠져 허우적거리기 때문이지. 우리가 선택받았다는 사실을 널리 인식시키려는 거대한 영적 전쟁이 시작되었네. 그리고 이것은 결코 끝나지 않을 걸세. 어떤 사람이 우리를 보기 오래전에, 하나님의 사랑스러운 눈이 우리를 보았네. 누군가가 우리의 울음소리나 웃음소리를 듣기 훨씬 전에, 우리를 위해 모든 귀를 여신 우리 하나님이 그 소리를 들으셨네. 이 세상의 어떤 사람이 우리에게 말하기 훨씬 전에, 영원한 사랑의 목소리가 우리에게 말씀하셨네. 우리의 소중함, 독특함, 인격은 시계 속의 시간—우리의 짧은 생애—에서 우리를 만난 사람들이 준 것이 아니라, 영원한 사랑으로 우리를 선택하신 분이 주신 것이네. 영원 전부터 존재했고 영원무궁토록 지속될 사랑으로 말일세.

거절과 거부로 둘러싸여 있을 때 우리가 선택받은 사실을 어떻게 놓치지 않을 수 있겠는가? 나는 이미 그것이 진정한 영적 투쟁이라고 말한 적이 있네. 이 투쟁을 위해 어떤 지침이 있을까? 몇 가지를 말해 보겠네.

먼저, 자네는 자네에 대한 세상의 거짓된 속삭임을 계속해서 밝혀야 하네. 조작하고 통제하고 권력에 굶주려 있으며, 결국에는 파괴적인 세상의 속삭임 말이야. 세상은 자네의 존재에 대해 많은 거짓말을 하네. 그러면 자네는 다음 사실을 충분히 기억할 만큼 현실적인 자세를 가져야 하네. 상처받거나 감정이 상하거나 배척을 당할 때마다 자신에게 과감히 이렇게 말해야 하네. "이 느낌이 아무리 강할지라도 이건 나 자신에 대한 진리가 아냐. 지금은 느낄 수 없다 하더라도, 나는 날 귀히 여기셔서 영원 전부터 사랑받는 자로 부르시고 그 영원한 품에 안전하게 품고 계신 하나님의 선택받은 자녀야."

두 번째로는, 자네에 대한 진리를 말해 주고, 선택받은 자라는 자네의 가장 근본적인 정체성을 상기시켜 주는 장소와 사람들을 계속해서 찾아야 하네. 그래. 우리는 의식적으로 선택받았음을 받아들여야 하고, 감정이나 느낌, 열정이 자기 거부로 이어지도록 허용해서는 안 되네. 회당, 교회, 신앙 공동체, 중독을 극복하도록 돕는 모임들, 가족, 친구, 선생님, 학생들, 이 모두가 우리의 진리를 기억하게 도와줄 수 있는 대상이지. 우리와 동일한 인간성을 가진 사람들과 나누는, 제한되거나 깨어진 사랑도 종종 하나님이 귀하게 여기신다는 우리 존재에 대한 진리를 알려 줄 수 있다네. 이 진리는 우리의 중심에서 나오는 내면의 진리일 뿐 아니라, 우리를 선택하신 그분이 우리에게 계시하신 진리이기도 하지. 그러기에 삶과 말씀을 통해 우리를 그 진리로 돌아오게 하는 역사상의 수많은 사람에게 귀를 기울여야만 하네.

세 번째로, 자네가 선택받은 사실을 계속해서 감사해야 하네. 무슨 말이냐 하면, 자네를 선택해 주신 하나님께 "감사합니다", 자네에게 그 사실을 일깨워 주는 모든 사람에게 "고맙습니다"로 응답하라는 말일세. 감사는 자네가 '우연한' 존재가 아니라 하나님의 선택을 받은 존재라는 의식을 강화시키는 가장 좋은 방법이네. 그리고 우리가 감사할 기회가 참으로 많았음에도 불구하고 그 기회를 제대로 사용하지 못했음을 깨닫는 것도 중요하다네. 누군가 친절을 베풀 때, 어떤 일이 잘 풀릴 때, 어떤 문제가 해결될 때, 관계가 회복될 때, 상처가 치유

될 때는 감사할 아주 구체적인 이유가 되지. 말로, 꽃으로, 편지로, 카드로, 전화로 혹은 애정의 몸짓으로 말일세. 그러나 똑같은 상황에서, 비판적이고 회의적이고 냉소적이기까지 한 태도를 갖기도 하네. 누군가가 친절을 베풀 때 그 동기를 의심하기도 하고, 또 어떤 일의 결말이 좋을 때 더 좋게 끝날 수도 있었다는 생각을 하기 때문이지. 어떤 문제가 해결되었을 때 거기에는 항상 다른 문제가 나타나고, 어떤 관계가 회복될 때는 항상 '얼마나 오래 걸릴까'라는 회의가 생기기 때문이지. 상처가 치유될 때도 여전히 고통이 남을 수 있다는 생각을 하기 때문이기도 하고. 감사의 이유가 있는 곳에선 언제나 비통해할 이유도 발견할 수 있네. 결단의 자유를 행사할 때가 바로 이때라네. 우리는 감사하기로 결단할 수도 있고 비통해하기로 결단할 수도 있어. 그 순간에 선택받았다는 사실을 인식할 수도 있고, 또 우리의 그늘진 면에 초점을 맞출 수도 있지. 계속 그늘진 면만 보기로 고집한다면, 결국 암흑 속에서 머물고 말 걸세. 나는 우리 공동체 안에서 매일 그러한 모습을 보고 있네. 우리 공동체의 핵심 구성원들인 정신 지체 장애인들은 비통해할 이유가 아주 많다네. 그들 대부분은 깊은 외로움, 가족이나 친구들의 배척, 생애의 반려자를 만나고 싶다는 성취되지 않는 욕망, 항상 도움을 필요로 한다는 사실로 인한 끊임없는 좌절을 경험하네. 그러나 그들은 비통해하지 않기로 마음을 먹고, 생활 속에서 받은 많은 작은 선물들—저녁 초대, 며칠 동안의 수련회, 생일 축하, 무엇보다도 우정과 도움을 주는 사람들과 함께하는 공동체 생활—에 대해 감사하려고 하지. 그들은 비통함을 넘어서는 감사를 선택했고, 이는 정신 지체 장애인은 아니더라도 동일한 선택을 하고 살아야 하는 그들의 모든 조력자에게 큰 감동과 희망의 근원이 되지. 우리가 계속해서 빛을 구한다면, 점점 더 빛나는 자신을 발견하게 될 것이네. 감사하기로 마음을 먹을 때마다 새로운 감사거리를 찾기가 더 쉽다는 사실에 나는 너무나 매료되고 있네. 사랑이 사랑을 낳듯이 감사는 감사를 낳지.

자네가 선택받은 사실을 알아 가는 과정에서, 일상생활 가운데서 이 세 가지 지침이 자네에게 도움이 되기를 바라네. 내 경우, 그것들은 선택받은 자로 살기 위한 영적 훈련이었네. 그러나 실천하기 쉬운 것은 아니지. 특히 위기의 순간에는 말일세. 내가 그 사실을 몰랐을 때는 거듭 불평했고, 거부당한 일을 곱씹으면서 복수할 방법을 찾기도 했지. 그러나 마음의 훈련을 계속했을 때, 나는 나의 그늘을 뛰어넘어 나의 진리에서 나오는 빛으로 들어갈 수 있었네.

'선택받은 사실'에 대한 개념을 마무리하기 전에, 다른 사람과의 관계에서 이 진리의 중요성을 강조하고 싶네. 우리가 선택받았다는 진리를 주장하고 계속 널리 알릴 때, 우리는 우리

내부에서 다른 사람들 역시 선택받았다는 사실을 알려 주고 싶은 깊은 열망을 곧 발견하게 되네. 우리는 자신이 선택받은 사실을 인식할 때 우리가 다른 사람들보다 낫고 귀하고 가치 있다고 느끼는 대신, 그들 역시 선택받았다는 사실에 눈을 뜨게 되지. 다른 사람들 역시 선택받았음을 발견하는 것, 그건 선택받은 사실이 주는 커다란 기쁨이네. 하나님의 집에는 수많은 개인 주택이 있네. 그리고 모든 사람을 위한 독특하고 특별한 장소가 있지. 우리가 하나님 보시기에 귀한 존재라는 사실을 깊이 신뢰하기만 하면, 다른 사람들의 귀중함도, 하나님 마음속에 있는 그들의 독특한 자리도 인식할 수 있게 되네. 이 말을 하니까 우리 공동체에 있는 장애인 중 한 사람인 헬렌이 생각나네. 그녀가 몇 년 전 우리 공동체에 왔을 때, 나는 그녀가 꽤 멀게 느껴졌고 조금은 두렵기도 했네. 그녀는 자신만의 작은 세상에 갇혀 살았지. 혼란스런 소리만 낼 뿐 누구와도 개인적 접촉을 하지 않았네. 그러나 그녀를 좀더 잘 알게 되고 그녀 역시 무언가를 줄 수 있는 독특한 은사의 소유자라는 사실을 믿게 됨에 따라, 그녀는 점점 자신의 세계에서 빠져나와 우리를 향해 미소 짓기 시작했고 우리 공동체에 큰 기쁨을 주었네.

   이제야 나는 깨닫네. 헬렌의 독특한 장점을 발견하기 위해서는 나만의 장점을 알아야 했다는 사실을 말일세. 자기 회의와 두려움에 끌려다니는 한, 나는 헬렌이 자신만의 아름다움을 보여 줄 공간을 만들 수가 없었네. 그러나 내가 선택받았다는 사실을 주장한 즉시, 헬렌은 내게 참으로 많은 것을 줄 수 있는 사람으로 나와 함께 거할 수 있었네. 하나님의 사랑을 가지고 경쟁하는 것은 있을 수 없는 일이지. 하나님의 사랑은 모든 사람을-각각의 독특함 안에서 각각의 사람을-포함하는 것이네. 우리가 모든 것을 포용하는, 비교하지 않는 이 사랑을 경험하려면, 또 하나님과 함께할 때만이 아니라 형제자매들과 함께할 때에도 안전감을 느낄 수 있으려면, 하나님의 사랑 안에서 우리 자리를 찾아야만 하네.

자네와 나는 이 모든 것이 삶에서 어떻게 사실로 드러났는지 알고 있네. 우리는 지금 수년 동안 친구로 지내고 있지. 우정이 시작되었을 때는 불평, 질투, 경쟁도 조금 있었지. 그러나 나이가 들어 가고 서로의 독특성에 대한 확신이 깊어짐에 따라, 대부분의 경쟁 심리가 사라졌고-다는 아니지만-서로의 은사를 더 잘 확인하고 개발할 수 있게 되었네. 나는 자네와 있으면 아주 기분이 좋다네. 내가 자네에게 무엇을 해 줄 수 있어서가 아니라, 나라는 존재 때문에 자네가 즐거워한다는 사실을 알기 때문이지. 그리고 자네도 내가 자네의 집을 방문하면 좋아하지. 내가 자네의 친절과 선함과 많은 은사들에 놀라워한다는 것을 자네도 알기 때문이네. 이런 것들이 내게 도움이 되기 때문이 아니라, 바로 자네 때문에 놀라워한다는 사실을 말이야. 깊은 우정은 서로가 선택받은 존재라는 사실을 일깨워 주고, 하나님이 귀히 보시는 존재라는 사실을 서로 확인하는 것이네. 자네의 삶과 내 삶이 다 그런 종류에 속하지. 어느 누구도 이전의 내 삶이나 자네의 삶을 대신 살지 않았네. 그리고 어느 누구도 다시 그 삶을 살 수 없네. 우리의 삶이란 인간 존재의 모자이크를 구성하는 독특한 돌들이야. 너무나 귀중해서, 다른 것으로 대치할 수 없는 돌멩이들.

선택받았다는 것은 사랑받는 자가 되는 일의 토대가 되다네. 선택받았음을 주장하는 것은 평생에 걸쳐 일어나는 투쟁이지만 또한 전 인생의 기쁨이기도 하지. 우리가 그 사실을 더 깊이 주장할수록 사랑받는 자의 다른 측면-우리에게 부어지는 축복-을 더 쉽게 발견할 수 있네. 이제 그것에 대해 이야기해 보겠네.

2. 축복받은 자

하나님의 사랑받는 자녀인 우리는 축복받은 사람들이네. '축복'이라는 말은 과거 몇 년 동안 나에게 아주 중요한 단어가 되었네. 그리고 그 단어를 중요하게 만든 친구들 중의 하나가 바로 자네고. 자네, 기억하나? 뉴욕에서 어느 토요일 아침, 자네가 어떻게 나를 회당으로 끌고 갔는지. 우리가 도착했을 때 마침 '바르미츠바'(13세가 된 남자를 축하하는 유대교의 성인식-역주)가 거행되고 있었지. 13세가 된 한 소년이 회중 앞에서 성인으로 선포되었지. 그 소년은 처음으로 예배 인도를 하게 되었네. 그는 창세기를 읽고 환경 보호에 대한 짧은 설교를 했네. 그러자 랍비와 그의 친구들이 그의 성인됨을 확인해 주었고 부모님이 축복해 주었지. 바르미츠바의 증인이 되기는 그때가 처음이었네. 그리고 무엇보다도 부모의 축복에서 나는 깊은 감동을 받았네. 아직도 그 소년의 아버지의 음성이 생생하게 들리네. "아들아, 네 삶에서 어떤 일이 일어나든, 성공을 하든 하지 않든, 중요한 인물이 되든 그렇지 않든, 건강하든 그렇지 않든, 네 엄마와 내가 너를 얼마나 사랑하는지 항상 기억하렴." 아버지가 자기 앞에 서 있는 소년을 부드럽게 바라보며 회중 앞에서 이렇게 말했을 때, 내 눈에는 눈물이 흘러내렸고 나는 이렇게 생각했네. '이런 축복을 받다니 얼마나 은혜로운가!'

나는 우리같이 두려움 많고 불안하고 불안정한 인간들이 얼마나 축복을 갈망하는지 더욱 분명히 깨닫고 있네. 아이들은 부모로부터 축복을 받아야 하고, 부모는 아이들로부터 축복을 받아야 하네. 우리 모두 서로의 축복을 필요로 하지. 스승과 제자, 랍비와 학생, 주교와 사제, 의사와 환자 사이에 말일세.

먼저 '축복'(blessing)이라는 단어의 의미부터 이야기해 보겠네. 라틴어에서 축복한다는 말은 '베네디케레'(*benedicere*)이네. 많은 교회에서 사용되는 '축복 선언'(benediction)이라는 단어는 문자적으로 좋게(*bene*) 말하다(*dicto*) 혹은 좋은 점을 이야기한다는 의미지. 그건 나에게도 적용되네. 나는 나에 대해 좋게 이야기하는 것을 듣고 싶네. 그리고 자네도 똑같은 것을 원한다는 사실을 알고 있네. 요즈음 우리는 이렇게 말하곤 하지. "우리는 서로를 인정할 필요가 있네." 인정받지 않고는 잘 살기가 어렵네. 누군가를 축복한다는 것은 우리가 해 줄 수 있는 가장 중요한 인정이지. 그것은 칭송이나 칭찬의 말 이상이고, 누군가의 재능이나 선행을 지적해 주는 것 이상이네. 또 그에게 각광을 받게 하는 것 이상이지. 축복한다는 것은 한 사람이 사랑받는 자가 되었다는 사실을 '그렇다'고 확정하는 것이네. 덧붙이자면, 축복은 그것에 담긴 실제 모습을 창조해 내지. 이 세상에는 서로를 비난하는 일이 너무나 많은 것처럼, 서로를 칭찬해 주는 일도 많네. 축복이란 칭찬과 비난의 구분을, 미덕과 악덕의 구분을, 선행과 악행의 구분을 넘어서는 것이지. 그것은 다른 사람의 근본적인 선함에 다가가는 것이며, 그가 사랑받는 자 되었음을 일깨워 주는 것이네.

얼마 전에 내가 속한 공동체에서 개인적으로 진정한 축복의 능력을 경험한 적이 있네. 집에서 기도 모임을 시작하기 직전에, 우리 공동체의 장애인 중 한 명인 재닛이 나에게 와서 이렇게 말했네. "헨리, 나를 축복해 주시겠어요?" 거의 습관적으로 나는 엄지손가락으로 그녀의 이마에 십자가를 그어 주었지. 그러나 그녀는 감사를 표현하는 대신 격렬하게 항의를 했네. "아니에요. 이건 효력이 없어요. 나는 진짜 축복을 원해요." 그때서야 그녀의 요청에 대한 내 반응이 의식적인 것이었음을 한순간 알게 되었네. 그래서 이렇게 말했지. "정말 미안하네. 우리 모두가 모이는 기도 모임 시간에 정식으로 축복을 해 주지." 그녀는 미소를 지으며 고개를 끄덕거렸고, 그제야 나는 그녀가 내게서 어떤 특별한 것을 원한다는 사실을 알게 되었네. 예배 후 30명가량이 마루에 둥그렇게 앉아 있을 때, 나는 이렇게 말했네. "재닛이 내게 특별한 축복을 요청했어요. 그녀는 지금 그것이 필요하다고 느끼고 있어요." 이렇게 말했을 때에도 나는 그녀가 진정으로 원하고 있는 것이 무엇인지 알지 못했네. 그러나 그녀는 나를 그리 오랫동안 의혹에 잠겨 있게 하지 않았네. 내가 "재닛이 내게 특별한 축복을 요청했어요"라고 말하자마자, 그녀는 일어나 내게로 걸어왔네. 그때 나는 손까지 덮이는 넓은 소매가 달린, 하얗고 긴 예복을 입고 있었지. 자연스럽게 재닛은 팔을 뻗어 나를 안았고, 머리를 내 가슴에 파묻었네. 주저하지 않고 나는 예복에 가려 거의 안 보일 정도로 자넷을 안았네. 그 상태에서 나는 말했네. "재닛, 나는 네가 하나님의 사랑받는 딸이라는 사실을 알았으면 좋겠어. 너는 하나님이 소중하게 여기시는 존재야. 너의 아름다운 미소, 다른 사람들에게 베푸는 친절, 그리고 네가 하는 모든 선한 일들이 네가 얼마나 아름다운 사람인지를 보여 준단다. 요즈음 네가 우울하고 마음속에서 슬퍼하고 있는 걸 알고 있어. 하지만 네가 어떤 존재인지를 기억했으면 좋겠어. 하나님과 여기 있는 모든 사람의 깊은 사랑을 받고 있는, 아주 귀중한 사람이란 걸 말야."

이렇게 말하자, 재닛은 고개를 들고 나를 쳐다보았고, 환한 미소로 자기가 진정으로 축복을 받았고 들었다는 사실을 보여 주었네. 그녀가 자리로 돌아가자, 다른 장애인 여성인 제인이 손을 들고 이렇게 말했네. "저도 축복해 주세요." 나도 모르는 사이에 그녀는 일어서서 얼굴을 내 가슴에 묻었네. 그녀에게 축복의 말을 하자마자 훨씬 더 많은 이들이 축복받고 싶다고 줄지어 섰다네. 그러나 가장 감격적인 순간은, 봉사자 중 한 명인 24세의 학생이 손을 들고 "저도 가능한가요?"라고 말했을 때였지. 나는 "물론이지. 이리 오게"라고 대답했네. 그는 나왔고, 우리가 마주 섰을 때 나는 팔로 그를 끌어안고 말했네. "존, 자네가 여기 있는 것은 아주 훌륭한 거야. 자네는 하나님의 사랑받는 아들이네. 자네가 있어서 우리는 기뻐. 상황이 어렵고 삶이 무겁게 느껴질 때, 자네가 끝없는 사랑을 받은 자라는 사실을 기억하게." 이렇게 말하자 그는 눈물을 글썽거리며 이렇게 말했다네. "감사합니다. 정말 감사합니다."

그날 저녁 나는 축복하는 것과 축복받는 것의 중요성을 깨달았고, 그것이 진정으로 사랑받는 자의 표식이라는 것을 재확인했네. 우리가 서로에게 주는 축복은 영원 전부터 우리에게 주어진 복을 표현하는 것이며, 그것은 우리의 진정한 자아에 대한 가장 심오한 확증이네. 선택받는 것으로는 충분하지 않네. 우리는 또한 계속되는 축복을 필요로 하네. 그것은 우리는 사랑 많으신 하나님께 속해 있으며 그분은 우리를 홀로

버려두시지 않고 오히려 삶의 순간마다 사랑으로 우리를 인도하신다는 사실을 기억하게 하신다는 말씀을 끊임없이 새로운 방식으로 듣게 해주는 축복일세. 아브라함과 사라, 이삭과 리브가, 야곱과 레아와 라헬, 이들 모두가 축복을 받았고, 그래서 믿음의 아버지요 어머니가 되었네. 그들은 길고 때로는 고통스러운 여정 가운데서도 축복받은 자라는 사실을 잊지 않으면서 살았지. 예수님 역시 요단강에서 세례 요한의 세례를 받고 나서 축복의 음성을 들으셨네. "이는 내 사랑하는 아들이요, 내 기뻐하는 자라." 이 말이 바로 축복이지. 그리고 이것이 예수님을 따라다니던 찬양과 비난, 사랑과 저주 가운데서 예수님을 지탱시켜 준 것이네. 아브라함과 사라처럼 예수님도 자신이 '선택받은 자'라는 마음 깊숙한 곳의 믿음을 잃지 않고 계셨지.

내가 이런 말을 하는 것은 우리가 얼마나 변덕스러운 존재인지 알기 때문이네. 어느 날은 위대하다고 느꼈다가 다음날이면 비참하다고 느끼는 존재가 바로 우리지. 어느 날은 새로운 아이디어들로 충만했다가 다음 순간 모든 것이 황량하고 흥미 없게 보이지. 어느 날은 온 세상을 품을 수 있다고 생각하지만 다음 순간에는 아주 작은 요청도 너무나 벅차다고 느끼지. 이러한 변덕스러운 모습은, 아브라함과 사라, 이삭과 리브가, 야곱과 레아와 라헬 그리고 나사렛의 예수님이 들으셨고 우리 역시 들어야 하는 축복의 음성을 우리가 더 이상 듣지 못한다는 사실을 보여 주는 것이네. 우리 존재의 표면에서 찰랑거리는 작은 파도들 때문에 이리저리 휘청거린다면 조작적인 세상의 희생자가 되어 버리기 쉽지만, 우리를 축복하는 깊고 부드러운 음성을 계속해서 듣는다면 진정한 소속감과 안정된 행복감을 가지고 삶을 영위해 나갈 수 있네.

축복받는다는 느낌은 자신에 대한 일반적인 느낌은 아니라는 생각이 드네. 자네는 생활 가운데서 많은 어려운 순간들을 만나고 있지. 축복받는다기보다는 저주받고 있다고 느껴지는 순간들 말일세. 나 역시 그렇다고 말할 수 있네. 사실 나는 많은 사람들이 마음 깊은 곳에서 저주받았다는 느낌으로 고통을 겪고 있다고 생각하네. 음식점에서 저녁 시간이나 업무 중간의 휴식 시간에 사람들이 이야기하는 것을 듣기만 해도, 어쩔 수 없이 체념하면서 비난하고 불평하는 소리를 너무나 많이 들을 수 있네. 많은 사람들이, 그리고 때로는 우리 역시 우리가 변화시킬 수 없는 세상의 희생자처럼 느끼고 있네. 그리고 일간 신문들도 분명 그러한 느낌에 대처하는 데는 별 도움이 못 되네. 보통 저주받고 있다는 기분은 축복받고 있다는 기분보다 더 쉽게 생기는 법이지. 그리고 그러한 감정을 계속 키워 내기에 충분한 논거들도 찾을 수 있네. 우리는 이렇게 말할 수 있네. "세상에서 어떤 일이 일어나고 있는지 봐요. 아사 직전의 사람들, 피난민, 포로들, 환자들 죽어 가는 사람들을 봐요. 가난, 불의, 전쟁을 보세요. 고문, 살인, 자연과 문화의 파괴를 봐요. 관계로 인해 일상적으로 생기는 분쟁과 갈등, 직장과 건강을 지키기 위해 고군분투하는 것을 봐요." 어디에, 도대체 어디에 축복이 있는가? 저주받았다고 느끼는 게 당연하네. 우리는 내면에서 우리 자신이 악하고, 나쁘고, 썩었고, 가치 없고, 쓸모없다고 하는 소리, 질병과 죽음으로 끝나 버릴 운명에 불과하다고 하는 소리를 쉽게 들을 수 있네. 우리가 축복받았다기보다는 저주받았다고 믿는 게 사실 더 쉽지 않은가?

그러나 나는, 자네가 하나님의 사랑받는 아들로서 축복받은 자라고 말하고 있네. 자네는 자네에 대한 아름다운 말들을 듣네. 바로 자네에 대한 진리 말일세. 저주들은—시끄럽고, 난폭하고, 소란스러운 것들—진리가 아니네. 그것들은 거짓말이지. 믿기 쉬운 거짓말, 그러나 분명히 거짓말이네.

자, 축복이 자네와 내가 어떤 존재인지에 대해 진리를 말해 주고 저주가 거짓을 말하는 것이라면, 우리는 아주 구체적인 질문에 부딪히게 되네. 어떻게 이 축복을 듣고 주장할 수 있겠는가? 우리가 축복받았다는 사실이 단지 감상이 아니라 일상생활을 형성하는 진리라면, 우리는 분명하게 이 축복을 볼 수 있고 경험할 수 있어야 하네. 이제 자네가 축복받았다고 주장할 수 있도록 두 가지 제안을 하겠네. 그것은 기도 그리고 함께 거하는 것(presence)과 관련이 있다네.

먼저, 기도에 대해 이야기해 보지. 개인적으로 나에게는 기도가 축복의 음성에 귀 기울이는 점점 더 좋은 방법이 되고 있네. 나는 기도에 대한 글을 많이 읽었고, 많이 쓰기도 했네. 그러나 내가 기도하기 위해 조용한 장소로 갔을 때, 진정한 기도의 '노동'이란 잠잠한 가운데 나에 대해 진실을 들려주시는 음성에 귀 기울이는 것이라는 사실을 알게 되었네. 내가 하나님께 많은 것을 말하려는 경향이 있긴 하지만 말이야. 마음대로 생각한다고 여길지 모르지만, 실제로 그것은 고된 훈련이네. 나는 저주의 소리나 내가 아무 소용도 없다는 소리 혹은 거의 무용지물에 불과하다는 소리를 들을까 봐 두려워서, 재빨리 말을 시작하거나 계속 말하려는 유혹에 넘어가곤 한다네. 그래서 내 속의 두려움을 억제하려고 하지. 그렇기 때문에 나의 좋은 점에 대해 의문을 제기하는 목소리들을 잠잠하게 하고 부드럽게 옆으로 치워 놓는 것, 그리고 축복해 주는 목소리를 듣게 되리라고 믿는 것…, 그건 진짜 노력이 필요한 일이네.

마음 깊숙한 곳에서 들리는 목소리에 귀 기울이기 위해 오랫동안 아무것도 하지 않고 있어 본 적이 있나? 들을 라디오도 없고, 볼 텔레비전도 없고, 읽을 책도 없고, 이야기를 나눌 사람도 없고, 끝내야 할 일도 없고, 걸어야 할 전화도 없을 때,

자네는 어떤 느낌을 갖게 되는가? 때로는 이런 상황에서, 우리가 미처 끝내지 못한 일이 얼마나 많은가를 확인하고, 그 두려운 침묵을 뒤로하고 일로 돌아가고 싶은 마음만 더 강해지는 때도 있지. 거칠고 많은 것을 요구하는 우리 세계의 소리를 넘어서 침묵 속으로 들어가기란 쉬운 일이 아니네. 또 "너는 내 사랑하는 아이요, 내 기뻐하는 자라"고 하는 작고 친밀한 음성이 있는 그곳을 발견하기도 쉬운 일이 아니지. 그럼에도 불구하고 우리가 고독을 감싸 안고 침묵과 친구가 되려 한다면 그 목소리를 알게 될 걸세. 자네에게 어느 날 육체적인 귀로 그 목소리를 들을 것이라고 말하고 싶지는 않네. 나는 환청에 대해 이야기하고 있는 것이 아니라, 믿음의 귀, 내적인 마음의 귀로 들을 수 있는 목소리에 대해 이야기하고 있네.

때로는 기도 중에 아무 일도 일어나지 않는다고 느낄 걸세. 이렇게 말하겠지. "나는 그저 그곳에 앉아 있었고, 마음만 산만해졌어요." 그러나 하루에 30분씩 사랑의 음성에 귀 기울이는 훈련을 지속해 나간다면, 서서히 자네가 의식하지도 못하는 어떤 일이 일어난다는 사실을 발견할 걸세. 지난 시간을 되돌아봐야만 자네를 축복하는 목소리를 발견할 수 있을지도 모르네. 귀 기울이는 시간 동안 일어난 일이라곤 수많은 혼란뿐이라고 생각했겠지. 그러나 경건의 시간을 갖지 못했을 때는, 그 시간을 고대하며 그리워하는 자신의 모습을 발견하게 되네. 하나님의 성령의 역사는 아주 온유하고, 아주 부드럽고 은밀하지. 그리고 사람들의 이목을 끌지 못하는 것이라네. 그러나 그 역사는 또한 아주 끈질기고 강하며 깊이가 있네. 우리의 마음을 철저하게 변화시키는 것이지. 성실한 기도의 훈련을 통해 자네는 축복받은 사람이라는 사실을 알게 될 것이고, 다른 사람을 축복할 능력을 얻게 될 걸세.

여기서 구체적인 제안을 하는 것이 도움이 될 것 같네. 귀를 기울이는 좋은 방법 가운데 하나는, 성경이나 좋은 글들, 예를 들어 시편이나 기도문 같은 것을 가지고 시작하는 것이네. 영성에 대한 글을 써 온 힌두교 저자 에크나스 이스바란은 성경을 암송하는 것과 그것을 천천히 한 단어 한 단어, 한 문장 한 문장 마음으로 반복하는 것이 얼마나 가치 있는지를 나에게 깨닫게 해 준 사람이네. 이런 식으로 사랑의 음성을 듣는 것은 단순히 수동적인 기다림이 아니라, 성경의 단어들을 통하여 우리에게 말씀하시는 목소리를 능동적으로 경청하는 것이라네.

나는 조용히 성 프란체스코의 기도문인 "주여 나를 평화의 도구로 써 주소서. 미움이 있는 곳에 사랑을…"을 되뇌이는 것만으로 30분 드리는 기도 시간의 대부분을 보내곤 했네. 내가 이 말들을 머리에서 마음으로 옮겨 놓았을 때, 나는 모든 불안한 느낌과 감정을 넘어서게 되었고 이 말들을 통하여 내가 바라던 평화와 사랑을 경험하기 시작했네.

이런 방법으로 끊임없이 산만해지는 자신을 다루는 방법도 터득했지. 나는 자신이 이리저리 방황하는 것을 발견하면 항상 나의 단순한 기도로 돌아왔고, 그것을 통해 마음 깊은 곳에서 그렇게도 듣고 싶었던 목소리를 다시 들을 수 있었네.

자네가 축복받았음을 주장할 수 있도록 하기 위해 내가 두 번째로 제안하는 것은, 함께 거하는 삶을 계발하라는 것이네. 이는, 날마다 그리고 해마다 자네에게 다가오는 축복을 주의 깊게 의식하라는 말일세. 현대 생활의 문제는, 너무 바빠서―엉뚱한 장소에서 인정받고자―우리가 축복받은 존재라는 사실을 의식하지 못한다는 것이네. 가끔 사람들은 우리에게 칭찬을 하지. 그러나 우리는 "별말씀을요. 그냥 잊어버리세요. 아무것도 아닌 걸요" 같은 대답을 하면서 칭찬을 슬쩍 무시해 버리네. 이런 대답이 겸손의 표현으로도 보이지만, 사실 그 대답은 진정 우리가 주어진 축복을 받을 준비가 되어 있지 않다는 표시네. 우리와 같이 부산한 사람들이 진정으로 그런 축복을 받기란 쉽지 않지. 아마도 그런 축복을 해 주는 사람이 거의 없다는 사실 때문에, 그런 축복을 받을 수 있고 또한 받고 싶어 하는 사람들이 없어져 버린 슬픈 결과가 생겼는지도 모르지. 그래서 모든 일을 중지하고, 귀를 기울이며, 주의를 집중하여, 우리에게 주어지는 것을 감사하는 가운데 받아들이는 일이 아주 어려워졌네.

정신 장애를 가진 사람들과 함께 살면서 나는 그 사실을 분명히 알게 되었네. 그들은 나누어 줄 축복이 많은 사람들이지. 그러나 영원히 바쁘고, 영원히 어떤 중요한 일에 몰두해 있다면 어떻게 그런 축복을 받을 수 있겠는가? 우리 공동체에는 애덤이라는 사람이 있네. 그는 말도 할 수 없고, 혼자 걷지도 못하고, 도움이 없이는 먹을 수도 없고, 혼자서 옷을 입거나 벗을 수도 없지. 그러나 그는, 그의 곁에 있거나, 그를 붙잡아 주거나, 그와 함께 앉아 있기만 하더라도 자신과 시간을 보내는 사람들에게 나누어 줄 큰 축복들을 가지고 있네. 애덤과 많은 시간을 보내고도 그에게서 축복을 받지 못한 사람은 보지 못했네. 그것은 단순히 그와 함께 거하는 데서 말미암는 축복이지. 그러나 자네도 알 걸세. 단순히 그렇게 하는 것이 얼마나 어려운가를. 우리에게는 항상 해야 할 일이 너무나 많고, 끝내야 할 업무와 진행해야 할 일이 너무 많아서, 단순히 함께 거하는 것을 소용없는 일이나 심지어 시간 낭비라고 여길 수 있네. 그러나 우리의 시간을 '낭비하고자' 하는 의식적인 욕구가 없다면 축복의 소리를 듣기가 어려울 걸세.

우리는 이렇게 세심하게 주의를 기울이며 함께 거함으로써 우리가 받을 축복이 얼마나 많은지 알 수 있네. 거리에서 우리를 멈춰 서게 하는 가난한 사람들의 축복, 새 생명에 대해 알려 주는 신선한 꽃과 나무들의 축복, 음악·미술·조각·건축의 축복 등. 그러나 이 모든 것보다 더 큰 축복도 있네. 바로 감사, 격려, 애정, 사랑의 말을 통해 우리에게 다가오는 축복이지. 이런 많은 축복은 창조해 낼 필요가 없네. 사방에 넘쳐 나고 있기 때문이지. 그러나 우리는 그 축복들에게 다가가야 하고 그것들을 받아들여야 하네. 축복은 강제로 주어지는 것이 아니네. 그것들은, 아름답고 강하지만 은밀하게 숨어 있는 목소리를 부드럽게 기억나게 하지. 우리의 이름을 부르고 우리에 대해 좋은 것을 말씀해 주시는 그분의 목소리를 말일세.

진정으로 바라건대, 이 두 가지 제안 즉 기도와 함께 거하는 것이 자네가 축복받은 자가 되었음을 주장하는 데 도움이 될 수 있으면 좋겠네. 이런 주장을 하는 일은 너무나 중요하네. 자네가 축복받았음을 주장하지 않으면 자네는 곧 저주의 땅으로 내려가게 될 걸세. 축복의 땅과 저주의 땅 사이에 중립지대란 없네. 자네는 어디서 살고 싶은지 선택해야 하네. 그리고 그 선택은 순간순간 지속되어야 하는 것이지.

우리가 축복받은 존재라는 이 개념에 대해 결론을 짓기 전에, 자네에게 해야 할 말이 있네. 바로 자네가 축복받았음을 주장하는 것은 항상 다른 사람을 축복하고 싶은 깊은 욕망으로 이어진다는 말일세. 축복받은 사람의 특징은, 그들이 어디를 가든 항상 축복의 말을 한다는 것이네. 자네가 축복받았다는 사실에 접하게 될 때, 다른 사람을 축복하거나, 그들의 장점에 대해 이야기하거나, 그들의 아름다움과 진실함을 이끌어 내는 일이 얼마나 쉬워지는지 알면 놀랄 걸세. 축복받은 사람은 항상 다른 사람을 축복하네. 그리고 사람들은 축복받기를 원하네. 이 사실은 자네가 어디에 있든 자명하다네. 어느 누구도 자신의 삶을 저주나 험담, 고발이나 비난으로 얼룩지게 하려 하지 않네. 그러나 우리 주위에는 항상 그런 일들이 참으로 성행하고 있고, 그것은 어두움, 파괴, 죽음을 불러들이지. '축복받은 사람들'인 우리는 이 세상을 살아가면서 축복을 나누어 줄 수 있네. 많은 노력이 필요한 일도 아니지. 우리 마음속에서 자연스럽게 흘러나오니까. 내면에서 우리 이름을 부르고 우리를 축복하는 목소리를 들을 때, 어둠은 더 이상 우리를 혼란스럽게 하지 못하네. 우리를 사랑받는 자로 부르신 그 목소리가 다른 사람을 축복하는 단어들을 알게 하실 것이고, 그들도 우리와 동일하게 축복받은 존재임을 보여 주실 걸세.

자네는 뉴욕에 살고 나는 토론토에 살지. 자네가 콜럼버스 가로 내려갈 때 또 내가 욘그 거리로 내려갈 때, 우리는 어둠에 대한 환상을 절대로 가질 수 없네. 외로운 사람들, 집 없는 사람들, 마약 중독에 빠진 사람들이 거리 어디서나 보이지. 그러나 이 모든 사람이 축복을 갈망하고 있네. 축복이란 것은 축복을 들은 사람들만이 줄 수 있는 거지. 이제 자네에게 가장 어려운 진리에 대해 쓸 준비가 되었다고 생각하네. 우리는 모두 상한 존재라는 진리 말일세. 우리는 선택을 받았고 축복을 받았네. 우리가 진정으로 이 진리를 소유한다면, 그리고 그것에 대해 "네, 그렇습니다"라고 말한다면, 우리는 열린 눈을 가지고 우리 자신과 다른 사람들의 상처를 볼 수 있네. 이제 그렇게 해 보지.

3. 상처받은 자

우리의 상처에 대해 이야기해야 할 때가 왔네. 자네는 상처받은 사람이고, 나 역시 상처받은 사람이지. 그리고 우리가 알고 있는 모든 사람이 상처받은 사람이네. 우리가 상처받았다는 사실은 너무나 분명하고 확실하며, 너무나 구체적이고 뚜렷해서, 이 사실 외에 다른 것을 생각하거나 말하거나 쓸 것이 많다는 점을 믿기 어려울 때가 자주 있지.

처음 만난 순간부터 우리는 상처에 대해 이야기했었지. 자네는 「뉴욕 타임스」의 코네티컷주 인물란 기사를 쓰기 위해 나를 취재하고자 했고, 나는 내 글이 일상적인 불안감과 두려움, 고독감, 외로움에 대처하기 위한 수단이라고 말했네. 이야기가 자네에게 넘어갔을 때, 자네는 직업에 대한 불만, 소설 쓸 시간이나 돈이 없는 데 따른 좌절감 그리고 삶 속에서 겪는 일상적인 혼란에 대해 이야기했네. 그리고 우리가 만난 그 이듬해 우리 자신의 고통과 아픔에 대해 서로에게 점점 더 마음을 열게 되었지. 사실, 우리의 깊은 내적 갈등을 나눈 것이 우정의 표식이 되었지.

자네는 고통스러운 이별과 이혼을 겪어야 했고, 나는 오랜 침체의 시기를 겪었네. 자네는 업무 가운데서 많이 낙담했고, 진짜 소명이 무엇인지 계속해서 방황했지. 반면 나는 계속 시간과 에너지를 필요로 하는 많은 요구에 매몰되어 있었네. 그리고 그것들은 가끔 나를 지치고 실망하게 만들었지.

다시 만날 때마다 우리는 점점 삶의 상처에 대한 인식이 깊어져 갔지. 지극히 정상적인 것이네. 사람들은 함께 모일 때 흔히 자신들의 상처에 초점을 맞추지. 가장 유명한 음악 작품, 가장 주목받는 그림과 조각 그리고 가장 많이 읽힌 책들은, 인간이 자기 상처를 알고 있음을 분명히 표현하고 있네. 상처를 인식하기 위해서 우리 존재를 심층적으로 파고들 필요도 없네. 어느 누구도 죽음—우리 상처의 가장 근본적인 표현인—을 피할 수 없음을 모두 알고 있기 때문이지.

분명 선택받고 축복받은 이스라엘의 지도자와 예언자들도 모두 상처로 얼룩진 삶을 살았네. 그리고 우리, 하나님의 사랑받는 아들딸들도 상처를 피할 수 없네.

우리의 상처에 대해서는 하고 싶은 말이 아주 많네. 어디서부터 시작하는 게 좋을까?

아마도 가장 단순한 출발점은, 우리의 상처가 우리가 누구인가에 대한 무언가를 드러낸다고 말하는 것일 걸세. 고통과 아픔은 단순히 우리 삶의 성가신 방해거리가 아니라는 말일세. 오히려 그것들은 우리의 독특성과 우리에게 익숙한 개성에 대해 알게 해 주지. 내가 어떤 상처를 받았는지 이야기하는 것은 나에게 있는 독특한 무언가를 이야기하는 것이네. 그래서 자네가 자유롭게 자네의 깊은 아픔에 대해 나눌 때, 나는 큰 특권을 누린다고 느끼지. 또 내가 자네에게 나의 연약한 부분을 열어 보일 때, 그것은 내가 자네를 신뢰하고 있다는 표현이네. 우리는 늘 아주 개인적이고 마음 깊이 자리 잡은 독특한 상처를 경험하며 살고 있지. 나는 사람들이 다른 누구도 경험하지 못한 고통을 겪는다고 굳게 믿고 있네. 분명 우리는 비교할 수 있지. 더 큰 혹은 더 작은 고통에 대해 이야기할 수 있네. 그러나 궁극적으로 분석해 보면, 자네의 아픔과 내 아픔은 극히 개인적인 것이기 때문에 그것을 비교한다고 해서 위로나 평안을 얻기란 거의 불가능해. 사실 나는, 다른 많은 사람들이 나와 비슷하거나 더 심한 아픔을 가지고 있다고 말하려는 사람보다, 내 고통은 나에게만 있는 독특한 것이라는 사실을 인정할 수 있는 사람에게서 더 고마움을 느끼네.

우리의 상처는 진정 우리의 것이네. 어느 누구의 것도 아닌 우리의 것이네. 우리의 상처는 우리가 선택받고 축복받은 사실만큼이나 독특한 것이지. 우리가 상처받은 방식은, 선택받고 축복받은 방식만큼이나 우리의 개성을 표현해 주는 것이라네. 그렇지. 무섭게 들릴지도 모르겠지만 사랑받은 자들로서 우리는, 우리의 독특한 선택과 독특한 축복을 우리 것으로 주장해야만 하는 것처럼, 우리의 독특한 상처를 우리 것으로 주장하도록 부름받았네.

이제는 상처의 경험에 좀더 가까이 다가가 보겠네. 이미 말했듯이 이건 매우 개인적인 경험이고 자네와 내가 살고 있는 사회에서는 보통 내면의 상처, 다시 말해 마음의 상처로 경험되는 것이네. 많은 사람들이 육체적·정신적 장애로 고통을 겪고 있으며, 또 경제적 빈곤, 집 없는 사람들, 인간의 기본적인 필요가 충족되지 않는 경우가 허다하다 할지라도, 내가 매일 가장 크게 의식하는 고통은 상한 마음의 고통이라네. 나는 남편과 아내, 부모와 자녀, 연인들, 친구들, 동료들 사이의 깨어진 관계로 인한 커다란 아픔을 매일 보고 있네. 서구 사회에서 가장 괴로워 보이는 고통은 거절당하고 무시당하고 경멸받고 있다는 느낌, 홀로 남겨졌다는 느낌으로 인한 고통이네. 중증 장애인들과 함께하는 우리 공동체에서 가장 큰 고통은 장애 자체가 아니라, 쓸모없고 무가치하고 인정받지 못하고 사랑받지 못한다는 느낌으로 말미암는 것이네. 다른 사람에게 특별히 가치 있는 존재가 될 수 없다는 사실은, 말을 할 수 없거나 걷지 못하거나 혼자서 먹을 수 없다는 사실보다 인정하기가 훨씬 고통스럽다네. 우리들은 분명히 거대한 상실을 경험할 수 있네. 그러나 더 이상 누구에게도 아무것도 줄 수 없다는 사실을 깨닫게 되면 곧 삶을 포기하게 되지. 본능적으로 우리는 함께 생활함으로써 삶의 기쁨을 누린다는 것을, 또 삶의 고통은 함께 사는 일을 잘하지 못한 데서 비롯된다는 것을 알고 있네.

때로, 확실히 성과 관련된 문제 때문에 가장 고통스러운 상처를 경험하게 되는 것 같네. 나와 내 친구들의 분투는, 우리가 자신에 대해서 생각하고 느끼는 방식이 얼마나 우리의 성에 초점이 맞추어져 있는지를 분명히 보여 주네. 우리의 성은 교제에 대한 깊은 갈망을 드러내지. 육체에 대한 욕망—접촉하고 싶고, 안기고 싶고, 안전하게 붙들려 있고 싶은—은 마음의 가장 깊은 갈망에 속하는 것이네. 또 인간이 하나 됨을 추구한다는 아주 구체적인 증거이기도 하지. 우리가 그토록 심한 고뇌를 경험하는 지점은, 정확히 이 교제에 대한 갈망과 관련이 있네. 우리 사회는 너무나 단절되어 있고, 가정생활은 육체적·정서적 괴리감으로 인해 찢어지고, 우리의 우정은 어쩌다 한 번 만나는 정도요, 친밀하다는 관계들은 중간에 뭔가가 가로막고 있는 것 같고 가끔은 너무나 실용주의적이어서, 우리가 진정으로 편안함을 느낄 수 있는 장소란 거의 없네. 나는 내 몸이 얼마나 자주 긴장 상태가 되는지, 얼마나 늘 경계심을 늦추지 않고 사는지, 완전히 편안하다는 느낌을 갖기가 얼마나 어려운지를 알고 있네. 내가 살고 있는 토론토 교외로 돌아와 뽐내듯 서 있는 거대한 저택들, 더 편리한 소비 생활을 위해 널려 있는 쇼핑센터들, 아주 매력적인 방식으로 편안함과 기분 전환을 약속하는 멋진 간판들―이 모든 것의 이면에서는 숲이 파괴되고, 시내가 말라 버리고, 내 주변에서 사슴과 토끼와 새들을 몰아내는 행위가 자행되고 있겠지―을 보면, 내 몸이 치유의 손길과 위안을 주는 포옹을 갈망한다는 사실이 놀랍지 않네. 우리 주위의 모든 것이 지나치게 감각을 자극하고 확대시킬 때, 또 우리의 깊은 욕구를 충족시키기 위해 우리에게 제공되는 것이 대개 다소 유혹적인 성질을 가지고 있을 때, 우리가 무지막지한 환상과 무모한 꿈들과 혼란스러운 느낌과 생각들로 인해 괴로움을 당하는 것은 당연한 듯하네. 우리가 가장 쉽게 상처를 경험할 수 있는 곳은 바로 우리가 가장 갈급해하는 가장 연약한 부분이기 때문이네. 주위 환경이 단절화되고 상업화됨으로 인해 우리의 전 존재―몸, 정신, 마음―가 편안하고 보호받는다고 느낄 수 있는 장소를 찾기가 거의 불가능해졌네. 뉴욕의 거리를 걷든 토론토 거리를 걷든, 우리는 쉽게 중심을 잃고 우리 속에 세상의 고뇌와 고민을 채우기가 십상이라네.

에이즈는 아마도 현대인의 상처를 가장 뚜렷하게 말해 주는 증상 가운데 하나일 걸세. 난폭한 포옹 속에 사랑과 죽음이 서로 연결되어 있네. 친밀함과 교제를 필사적으로 찾아 헤매는 젊은이들이 그것에 생명을 건 것이지. 우리 사회의 공허하고 커다란 공간 속에서 절규하는 외침이 들려오는 것 같네. 계속해서 외로움 가운데 사느니 죽는 것이 더 낫다고 말일세.

에이즈 환자들이 죽는 것을 볼 때, 또 그 환자의 친구들이 사랑과 물질적·영적 도움으로 그들을 지지하기 위해 공동체를 형성하고 자발적 관용을 베푸는 것을 볼 때, 나는 종종 이 무서운 질병이, 경쟁과 적대감과 끊임없이 증가하는 고독으로 얼룩진 세상을 향해 '돌아서라'고 부르는 외침이 아닌가 생각하게 된다네. 그래, 에이즈의 위기는 우리 인간의 상처에 대해 전적으로 새로운 조망을 요구하고 있네.

우리가 어떻게 이 상처에 반응할 수 있겠는가? 두 가지 방법을 제안하고 싶네. 첫째는 상처와 친해지는 것이고, 둘째는 그 상처를 축복 아래로 가져다 놓는 것이네. 나는 자네가 삶에서 이 방법을 훈련할 수 있기 바라네. 나는 계속해서 노력해 왔고 지금도 노력하고 있네. 그래서 때로는 다른 사람보다 더 잘하기도 하지. 나는 이 방법들이 우리의 상처를 다루기 위한 올바른 방향을 지시하는 수단이라고 확신하고 있네.

상처에 대한 첫 번째 반응은 그것에 정면으로 부딪혀서 그것과 친숙해지는 것이네. 이 말이 아주 부자연스럽게 들릴지도 모르겠네. 아픔과 고통에 대한 일차적이고 가장 자연스러운 반응은 그것을 피하고, 적당한 거리를 유지하는 것이네. 또 무시하고 회피하고 부인하는 것이지. 고통이라는 것은—육체적이든 정신적이든 감정적이든—항상 우리 삶으로 침입해 들어오는 불청객이요, 존재해서는 안 되는 것으로 경험하게 되네. 불가능하지는 않겠지만, 고통 안에서 긍정적인 점을 찾기란 어려운 일이지. 고통은 있는 힘을 다해 피해야 하는 것이니까.

사실 이것이 상처에 대한 자연스러운 태도라면, 우선 그 상처와 친해지라는 것이 자학적인 태도처럼 보이는 것이 당연하네. 그럼에도 불구하고 삶에서 내가 경험한 고통은, 치유를 향한 첫걸음이 고통으로부터 도망가는 것이 아니라 고통을 향해 한 걸음 다가가는 것이라는 사실을 가르쳐 주었네. 사실 상처가 우리의 선택받음과 축복받음만큼이나 우리 존재와 밀접한 것이라면, 두려움을 극복하고 그 상처와 친해져야 하네. 그렇네, 용기를 내어 자신의 상처를 끌어안고, 가장 두려운 이 적을 친구로 삼아 그것을 참으로 절친한 친구로 주장해야 하네. 나는 우리가 고통을 외면하려고 하기 때문에 치유가 어려워질 때가 많다고 확신하네. 이 말은 모든 고통에 해당되지만, 특히 상한 마음에서 나오는 고통에 더욱 들어맞는다네. 우리가 거절, 이별, 무시, 학대, 감정적 조작 때문에 생긴 심한 고뇌와 고통을 직면하지 못하고 도망가기만 한다면, 이것들은 우리를 마비시킬 뿐이지. 우리에게 고통에 대한 지침이 필요하다면, 그것은 무엇보다도 우리를 고통에 가까이 가게 하고, 고통을 피하지 않고 도리어 친숙해질 수 있다고 인식하게 하는 지침일 걸세.

  자네의 집에 갔던 날이 생생하게 기억나네. 그때는 자네의 결혼이 파경에 이르렀음을 깨닫게 된 순간이었지. 자네의 고통은 대단했네. 자네는 인생의 꿈이 사라진 것을 보았지. 더 이상 의미 있는 미래를 생각하지 못했지. 외로움, 죄책감, 불안, 수치심, 심한 배신감으로 인해 고통스러웠고, 그 고통이 자네 얼굴에 선명하게 새겨져 있었네. 그때는 자네의 삶에서 가장 어려운 순간이었네. 나는 우연히 뉴욕에 있었고 자네에게 들렀지. 내가 무슨 말을 할 수 있었겠나? 난 자네가 그 고통을 극복할 수 있다거나, 좋은 일들이 남아 있다거나, 상태가 지금 보이는 만큼 나쁘지만은 않다는 등 그 어떤 조언도 전혀 소용이 없음을 알고 있었네. 내가 할 수 있는 유일한 일은 자네와 함께 있는 것, 자네 곁에 머물러 있는 것, 자네가 아픔을 피하지 않고 그것을 이겨 낼 힘이 있다고 확신하도록 도와주는 것뿐임을 알고 있었네. 여러 해가 지난 지금 자네는 아픔을 이겨 낼 수 있었고 그 아픔으로 인해 강해졌다고 말할 수 있네. 그 순간에는 불가능한 일처럼 보였지. 그렇지만 그것은 내가 자네에게 요구할 수 있는 유일한 일이었네.

고통과 직면하고 고통 속에서도 끝까지 견뎠던 나 자신의 경험으로 그것이 치유를 향한 길임을 터득했던 것 같네. 그러나 나 혼자서는 그렇게 할 수 없었네. 그 고통을 직면하도록 도와주는 누군가가 필요했지. 또 고뇌를 넘어선 평화가, 죽음을 넘어선 생명이, 그리고 두려움을 넘어선 사랑이 있다는 사실을 확신시켜 줄 누군가가 필요했네. 그리고 최소한 지금 내가 알고 있는 것은, 고통을 피하거나 억누르거나 고통으로부터 도망가려는 유혹은, 적절한 주의를 기울이면 치료받을 수 있는데도 다리를 잘라 버리는 것과 같다는 사실이네.

　　인간의 고통은 그토록 원하는 기쁨과 평화를 가로막는 장애물이 아니라, 오히려 그곳으로 이르는 수단이 될 수 있다네. 나는 그것이 분명한 진리라고 말할 수 있네. 영적인 삶, 즉 하나님의 사랑받는 자녀로서의 삶이 지닌 위대한 비밀은, 우리 삶의 모든 것이 — 즐거움이든 슬픔이든, 기쁨이든 아픔이든, 건강이든 질병이든 — 우리의 인간성에 대한 완전한 인식으로 향하는 여정의 한 부분이 된다는 것이네. "좋고 아름다운 모든 것이 우리를 하나님의 자녀의 영광으로 인도한다"고 서로에게 말하는 것은 어렵지 않네. 그러나 "하지만 우리는 누구나 고통을 겪을 수밖에 없고 그럼으로써 영광을 얻는다는 사실을 알지 않는가?"라고 말하는 것은 아주 어려운 일이네. 그럼에도 불구하고 진정한 보살핌은, 우리의 상처를 기쁨으로 이끄는 문으로 만들도록 기꺼이 서로를 도와주는 것이네.

상처에 대한 두 번째 반응은 그것을 축복 아래 두는 것이네. 내 경우 '상처를 축복 아래 두는 일'은 상처와 친숙해지기 위한 전제조건이었네. 보통 우리가 상처에 직면하기 두려워하는 이유는 그것을 저주 아래 놓고 살기 때문이지. 상처를 저주 아래 놓고 산다는 것은, 우리의 아픔을 통해 스스로에 대한 부정적 느낌을 확인한다는 말일세. 즉 "나는 항상 내가 쓸모없고 가치 없다고 생각했는데, 지금 내게 일어난 일을 보고 정말 그렇다는 걸 확신하게 됐어"라고 말하는 것이라네. 우리 안에는 항상 삶에서 일어나는 사건들에 대한 설명을 찾고자 하는 무언가가 있지. 그때 이미 자기 거부의 유혹에 굴복했다면 모든 형태의 불행은 그 사실을 굳게 해 주는 것이 되네. 가족이나 친구가 죽었을 때, 실직했을 때, 시험에 떨어졌을 때, 이별이나 이혼을 경험했을 때, 자연스럽게 "왜?"라는 질문이 떠오르지. "왜 나에게?" "왜 지금?" "왜 여기에?" 이 "왜?"라는 질문에 대답하지 않고 살기란 너무나 어렵기 때문에, 우리는 우리가 통제할 수 없는 사건들을 우리의 의식적·무의식적 평가와 연결시키려는 유혹에 빠지게 되네. 우리가 자신을 저주하거나 다른 사람들이 우리를 저주하도록 방치한다면, 우리가 경험하는 모든 상처를 그 저주의 표현이나 확인으로 설명하려는 강한 유혹에 빠지기 쉽네. 우리는 그 사실을 미처 깨닫기 전에, 이미 스스로에게 "거 봐, 난 항상 내가 무가치하다고 생각했어.…이제 확실히 알았어. 이런 사실들이 그것을 증명하잖아"라고 말하지.

하나님의 사랑받는 자녀로의 위대한 영적 부르심은, 우리의 상처를 저주의 그늘에서 꺼내어 축복의 빛 아래로 갖다 놓는 것이네. 말처럼 쉽지는 않지. 우리를 둘러싼 어둠의 세력은 너무나 강하고, 우리 세계는 스스로를 용납하기보다 거부하는 사람들을 양산하기가 더 쉬운 곳이기 때문이라네. 그러나 우리를 사랑받는 자로 부르시는 음성을 계속해서 주의 깊게 듣는다면, 우리의 상처를 우리가 무가치한 존재라는 두려움을 확인하는 기회가 아니라 우리에게 주어진 축복을 깊게 하고 정화하는 기회로 인식하며 살아가는 것이 가능해질 걸세. 축복 아래에 있는 육체적·정신적·정서적 아픔은 저주 아래 있는 육체적·정신적·정서적 아픔과는 근본적으로 다른 경험이 되네. 우리가 무가치한 존재라는 증거로 인식될 수 있는 짐은 아무리 작아도 우리를 깊은 낙담―자살까지도―으로 이끌 수 있네. 그러나 크고 무거운 짐이라도 축복의 빛 아래 거하고 있을 때는 가볍고 쉬운 법일세. 참을 수 없을 것 같은 일이 도전이 되고, 낙심할 이유가 될 듯한 일이 정화의 근원이 되지. 형벌처럼 보이던 일이 불필요한 부분을 정리하는 일이 되고, 거절 같던 일이 더 깊은 교제에 이르는 길이 되네.

그러기에 축복이 상처 가운데 있는 우리를 만지도록 하는 것이 중요한 일이네. 그러면 점차 상처가 자신을 사랑받는 자로 온전히 용납하는 방향으로 가는 첫 관문으로 보이게 될 걸세. 격심한 고통 가운데서 진정한 기쁨을 경험할 수 있는 이유가 바로 이 때문이 아니겠는가! 이것은 훈련받고, 정화되고, 불필요한 부분이 제거됨으로 얻는 기쁨이지. 마라톤 선수들이 심한 고통을 경험하면서 동시에 목표에 가까워졌다는 사실을 아는 기쁨을 맛볼 수 있는 것처럼, 사랑받는 자 역시 자신이 갈망하는 더 깊이 있는 교제로 나아가는 방편으로 고통을 경험할 수 있네. 여기서 기쁨과 슬픔은 더 이상 상반되는 것이 아니라 사랑받는 자로서 장성한 분량까지 자라려는 동일한 소망의 양면이 되는 거지.

알코올 중독자나 폭식증 환자 치료 프로그램 같은 것은 상처를 축복 아래에 둠으로써 그것을 새 생명에 이르는 길이 되게 하는 방법들이네. 모든 중독 증세가 우리를 노예로 만들지만, 우리의 의존성을 솔직하게 고백하고 하나님만이 진정으로 우리를 자유롭게 하실 수 있다는 신뢰를 표현하는 순간마다, 고통의 근원이 희망의 근원으로 바뀌게 된다네.

내가 한때 한 사람의 애정과 우정에 전적으로 의존하였던 때를 생생하게 기억하네. 그것은 나를 심한 괴로움의 구렁텅이로 빠뜨렸고, 심각한 자멸적인 우울증의 위기까지 몰고 갔지.

그러나 그 대인 관계 중독 증세를, 내 마음의 가장 깊은 욕망을 채우실 사랑 많으신 하나님께 전적으로 복종하고 싶은 욕구의 표현으로 받아들인 순간부터, 나는 근본적으로 새로운 방식으로 내 의존성을 다루기 시작했네. 그것을 수치스럽고 곤혹스러운 것으로 안식하는 대신, 나 자신에 대한 하나님의 무조건적 사랑―어떤 두려움 없이도 의존할 수 있는 사랑―을 주장하라는 긴급한 도전으로 여기고 살아갈 수 있었네.

사랑하는 친구여, 상처에 대해 이런 식으로 말한 것이 자네에게 도움이 되었을지 모르겠네. 고통과 친숙해지고 그것을 축복 아래 둔다고 해서 우리의 고통이 반드시 경감된다고 할 수는 없을 걸세. 사실 그것은 종종 상처들이 얼마나 깊은지, 그것들이 사라지기를 기대하는 것이 얼마나 비현실적인지를 더 잘 알게 해 주네. 정신 지체 장애인들과 살고 있는 나는 우리의 상처가 삶이라는 직조물에 얼마나 필수적인 부분인지를 점점 잘 깨닫고 있네. 부모의 거부로 인한 아픔, 결혼할 수 없다는 사실로 인한 고통, 옷을 입고 먹고 걷고 버스를 타고 선물을 사고 돈을 지불하는 것과 같은 가장 '일상적인' 일조차도 항상 도움을 받아야 한다는 사실로 인한 고통, 이러한 상처 중 어느 것도 사라지거나 줄어들지 않을 걸세. 그럼에도 불구하고 그 상처를 기꺼이 받아들이고 우리를 사랑받는 자로 부르신 그분의 빛 가운데로 그 상처를 가져옴으로써, 우리의 상처를 다이아몬드처럼 빛나게 만들 수 있네.

2년 전 링컨 센터에 가서 레너드 번스타인이 지휘하는 차이코프스키의 음악을 들었던 것을 기억하나? 아주 감동적인 저녁이었지. 나중에 우리는 그때가 이 천재의 음악을 마지막으로 들을 수 있는 기회였다는 사실을 알게 되었지. 레너드 번스타인은 나에게 음악의 아름다움과 기쁨을 가르쳐 준 가장 영향력 있는 작곡가요 지휘자 중의 한 사람이었네. 청소년 시절 나는 네덜란드 슈베닝겐에 있는 쿠르하우스 콘서트 홀에서 있었던 모차르트 피아노 협주곡 연주에서, 지휘자요 연주가로서의 역할을 열정적으로 해냈던 그의 모습에 완전히 매료되었지. 그의 〈웨스트 사이드 스토리〉가 나왔을 때, 나는 몇 달 동안 그 매혹적인 멜로디를 흥얼거리며 시간이 날 때마다 그 영화를 다시 보았네.

텔레비전을 통해 아이들에게 클래식 음악을 설명하고 가르치는 그의 진지한 얼굴을 보았을 때, 레너드 번스타인은 내가 가장 존경하는 음악 선생이 되었네. 그랬기에 그의 갑작스런 죽음은 내게 아주 개인적인 친구의 죽음으로 다가왔었지.

자네에게 우리의 상처에 대해 쓰고 있는 지금, 레너드 번스타인의 미사곡(존 F. 케네디를 기념해 만든 뮤지컬)의 한 장면이 생각나네. 상처를 축복 아래 갖다 놓는다는 개념을 구체화시켜 준 장면이지. 이 작품의 끝이 가까워질 무렵, 신도들이 화려한 예복을 입은 사제를 들어 올리는 장면이 있어. 그는 손으로 유리 성배를 든 채, 숭배하는 군중 위로 높이 올려졌네. 그러다 갑자기 인간 피라미드가 붕괴되고 사제는 나가떨어졌지. 예복은 찢어졌고, 유리 성배는 땅으로 떨어져서 산산조각이 나 버렸네. 그가 산산이 부서진 영광의 파편들 사이로 천천히 걸어 올 때—맨발에 청바지와 티셔츠만을 입고—아이들의 노래하는 소리가 들렸네. "찬양하라, 찬양하라, 찬양하라." 갑자기 사제는 깨진 성배를 주목했네. 그는 오랫동안 그것을 쳐다보고는 더듬거리며 이렇게 말했네. "깨진 유리 조각이 이렇게 밝게 빛날 수 있는지는 결코 몰랐다네."

나는 그 말을 절대로 잊을 수 없을 걸세. 그 말은 나와 자네의 삶의 신비를 포착해 주는 것이네. 그리고 번스타인이 죽은 지 얼마 안 된 지금, 화려하지만 슬픈 그의 삶의 신비를 알려 주네.

우리의 상처에 대한 이야기를 결론짓기 전에, 나는 다시 다른 사람과의 관계에서 이 말이 함축하는 바에 대해 말하고 싶네. 나이가 들어 가면서 나는 다른 사람을 위해 할 수 있는 일이 아주 많은 동시에 거의 없다는 사실을 더더욱 잘 알아 가고 있네. 그래, 사실 우리는 나누어 주기 위해 선택받았고 축복받았고 상처도 받았네. 내가 지금부터 하고 싶은 이야기가 바로 그것에 대한 것이네.

4. 나누어 주는 자

우리는 나누어 주는 삶을 살기 위해, 선택받고 축복받고 상처도 받았다네. 사랑받는 자의 삶의 네 번째 모습은 나누어 주는 것이네. 개인적으로는 이 말이, 나누어 주는 사람이 될 때에야 선택받고 축복받고 상처받은 사실을 온전히 이해할 수 있다는 의미로 들리네. 주는 행위가 있어야, 우리가 단순히 우리 자신만을 위해서가 아니라 우리의 모든 삶이 다른 사람을 위한 삶 안에서 궁극적 의미를 발견하기 위해서 선택받고 축복받고 상처받는다는 사실이 분명해지네.

우리 둘 다, 다른 사람을 위해 무언가 할 수 있다는 사실로 얻는 기쁨을 경험으로 알고 있네. 자넨 나를 위해 많은 일을 했고, 나는 항상 자네가 준 것으로 인해 감사하네. 그러나 내가 드리는 감사의 한 부분은, 나에게 그렇게 많은 것을 기뻐하며 주는 자네를 바라봄으로 인한 것이네. 주저하면서 주거나 억지로 주는 선물보다는, 기쁨으로 주는 선물 때문에 감사하기가 훨씬 더 쉽지. 엄마가 아이의 웃는 얼굴을 보면서 기뻐하는 모습을 본 적이 있는가? 아이의 미소는 아이가 그렇게 행복해하는 모습을 보며 감사하는 엄마에게 선물이 되지.

  이 얼마나 놀라운 신비인가! 우리의 가장 위대한 성취는 우리를 다른 사람에게 주는 것이네. 때로는 사람들이 받기 위해서만 주는 것 같지만, 나는 칭찬받고 싶고 보상받고 싶고 인정받고 싶어 하는 욕구 너머에, 주고자 하는 단순하고 순수한 소망이 자리 잡고 있다고 믿네. 언젠가 부모님의 생신 선물을 사기 위해 네덜란드 가게에서 오랜 시간 구경을 했던 기억이 있네. 줄 수 있다는 사실만을 즐기면서 말이네. 우리의 인간성은 주는 행동에서 가장 활짝 꽃핀다네. 줄 수 있는 것은 무엇이든—미소, 악수, 키스, 포옹, 사랑의 말, 선물, 우리 삶의 일부 등 우리의 모든 삶—줄 때, 우리는 아름다운 사람이 되네. 나는 자네와 로빈이 결혼하던 바로 그날, 이 사실을 가장 감동적으로 알게 되었네. 첫 결혼의 실패로 인한 자네의 슬픔이 끝났던 때가 바로 그날이었지. 인생은 주는 데서 온전함을 찾는다는 진리를 완벽하게 선포할 수 있었던 때도 바로 그날이었지. 결혼식 전날 오후, 자네는 나를 라구아르디아 공항으로 데리고 가서 자네의 어머니, 여동생, 처남, 어린 조카와 함께 저녁 식사를 했지. 그러고는 축제 전야를 보내기 위해 나를 호텔로 데리고 갔지. 그때는 아름답고 화창한 5월의 주말이었네.

자네는 결혼하기 전에 신랑이 경험하는 신경과민 증세를 약간 보이긴 했지만, 평화롭고 즐거워 보였네. 자네의 마음은 로빈과 함께할 삶에 대한 기대로 가득했네. 자넨 내게 이렇게 말했지. 로빈이 자네에 대한 새로운 확신을 주었다고 말이야. 또 온전히 사랑할 수 있을지, 완벽한 직업을 찾을 수 있을지에 대한 불안을 말끔히 없애 주었다고 했지. 그녀는 자네를 격려해서, 사회가 제시하는 전통적인 지위와 조화를 이룰 수 없을 때조차도, 자네의 은사를 사용할 가장 좋은 방법을 찾을 수 있다는 확신을 갖도록 했지. 그리고 가장 중요한 것은, 자네가 돈을 벌거나 어떤 일을 성취하기 때문이 아니라, 자네라는 존재 때문에 로빈이 자네를 사랑했다는 거였지. 그러고는 또한 자네가 로빈에게 얼마나 큰 도움을 주게 되었는지 알게 되었다고 말했네. 자넨 그녀가 변호사로서 가난하고 집 없는 사람들을 위해 위대한 헌신을 한 것과, 사회에서 자기 권리를 제대로 옹호할 수 없는 사람들을 변호하는 그녀의 은사와, 그녀의 활기와 좋은 기질을 사랑했지. 그리고 그녀가 자신에게 줄 수 없었던 특별한 무언가-가정, 안전하고 풍성한 장소-를 자네가 줄 수 있다는 사실도 알았지. 그녀를 향한 자네의 사랑이 너무나 아름다워 보여서, 나는 그런 사랑에 그렇게 가까운 증인으로 초대받은 것이 너무나 큰 특권처럼 느껴졌네.

자네의 랍비 친구 헬레네 페리스가 인도한 감동적인 유대교 예식, 즐거운 야외 피로연, 품위 있는 저녁 식사가 어우러진 화려한 결혼식을 보내고 있을 때, 나는 우리 자신을 다른 사람에게 줄 때 삶이 온전해진다는 것이 진리임을 더욱 확연히 깨닫게 되었네. 그날 자네는 로빈에게 자네 자신을 주었고, 어떤 일이 생기든지—그 일이 자네의 업무나 자네의 건강과 관련된 것이든, 경제적·정치적인 것이든—지금부터는 로빈이 자네의 최우선 관심사가 되었음을 분명히 했지.

로빈과의 결혼이 두 번째 결혼이었기에, 이혼으로 오랫동안 외로워하며 살았기에, 자네는 그 가운데서 아주 겸손해졌지. 자넨 좋은 일이 자동적으로 생기지는 않는다는 것을 알고 있었네. 그리고 로빈에게 자신을 주는 것도 매일매일 새롭게 행해야 하는 결단임을 알고 있었지. 특히 자네와 로빈 사이에 거리가 느껴지는 때에 말일세.

나는 또한 자네와 로빈이 서로에게 한 약속들을 지켜 가며 살아갈 때, 사랑으로 함께해 줄 가족과 친구들이 얼마나 필요한지 깊이 깨닫게 되었네. 결혼식 날 가까이 있어 달라는 자네의 초청 덕분에, 나는 자네가 내게 신실한 삶을 살도록 도와줄 친구가 되어 주길 원한다는 사실을 알았네. 또 나는 즐겁게 책임을 지며 그 일을 감당하였네.

고도로 발달된 경쟁심과 탐욕이 판치는 세상에서, 주는 기쁨을 상실한 모습을 보고 있기란 슬픈 일이네. 종종 우리는 행복이 소유에 달려 있는 것처럼 살고 있네. 그러나 나는 소유 때문에 진정으로 행복한 사람을 본 적이 없네. 진정한 기쁨, 행복, 내적 평화는 우리 자신을 다른 사람에게 줄 때 생긴다네. 행복한 삶은 다른 사람들을 위한 삶이지. 그러나 그 진리는 대개 우리가 상처에 직면할 때 발견하게 되네.

수년 동안 우리의 우정이 자라난 방식을 좀더 숙고해 보면 우리의 상처와 서로에게 주는 능력 사이에 신비로운 연결고리가 있음을 깨닫는다네. 우리는 둘 다 극한 내면적 고통의 시기를 겪었네. 그리고 그 고통스러운 기간에 우리의 삶이 멈추어 버렸다고 느꼈고, 우리가 줄 수 있는 것이 아무것도 없다고 느꼈네. 그러나 몇 년이 지난 지금, 그때 우리가 줄 것이 별로 없었던 것이 아니라 더 많이 줄 수 있었다는 사실을 분명히 알겠네. 우리의 상처 때문에 서로의 삶을 나누고 서로에게 희망을 줄 수 있는 방법을 더 깊이 알게 되었지. 빵을 나누어 주기 위해서는 쪼개는 행동이 필요하듯 우리의 삶도 그러하네. 그러나 이것이 더 잘 나누어 주는 사람이 되기 위해 서로에게나 혹은 다른 사람들에게 고통을 주어야 한다는 의미는 분명 아니네. 깨진 유리 조각이 밝게 빛날 수 있다 하더라도, 바보가 아니고서야 더 빛나게 하려고 유리를 깨기야 하겠는가! 유한한 운명을 지닌 사람들에게 상처란 필연적으로 존재하는 것이네. 상처와 친숙해지고 그것을 축복 아래로 갖다 놓을 때 얼마나 많은 것을 주어야 할지 알게 되지. 우리가 꿈꿔 왔던 것보다 훨씬 더 많이 말일세.

상처를 안고 사는 서로에게 나누어 주고자 하는 소망이 가장 아름답게 표현되는 때는 함께 식사를 할 때가 아니겠는가? 식탁, 음식, 음료, 말, 이야기, 이러한 것들이 서로에게 우리의 삶을 주고자 하는 소망을 표현하는 방법일 뿐 아니라 실제로 그것을 실행하는 가장 친밀한 방법이 아니겠는가? 나는 '함께 떡을 뗀다'는 표현을 아주 좋아하네. 그때는 깨어지고 나누어 주는 것이 확실하게 하나가 되기 때문이지. 함께 먹을 때 우리는 상대방 때문에 가장 상처 입기가 쉽네. 식탁에 둘러앉아서는 어떤 무기도 휴대할 수 없네. 똑같은 빵을 먹고 똑같은 잔을 마시는 것은 연합과 평화 가운데 살라는 요구라네. 이는 갈등이 있을 때 아주 분명해지네. 그럴 때는 함께 먹고 마시는 행동이 아주 위협적인 사건이 될 수 있네. 그때는 식사 시간이 하루 중 가장 두려운 시간이 될 수 있지. 우리는 모두 식사 시간 중의 고통스러운 침묵에 대해 알고 있네. 그것은 함께 먹고 마실 때의 친밀함과 완전히 대조가 되지. 식탁에 둘러앉은 사람 사이에서 느껴지는 거리감은 참을 수 없는 걸세.

반면에, 진정으로 평화롭고 즐거운 가운데 함께하는 식사는 생의 가장 좋은 순간이 될 수 있네.

함께 먹고자 하는 소망은, 서로에게 양식이 되고자 하는 더 깊은 욕망까지 표현한다는 생각이 들지 않는가? 우리는 가끔 이렇게 말하곤 하지. "그건 아주 풍성한 대화였어. 그땐 아주 신선했어." 우리 인간의 가장 깊은 소망은, 우리 자신을 육체적·정서적·영적 성장의 근원으로 서로에게 주는 것이라 생각하네. 엄마의 젖을 빨고 있는 아이의 모습은 인간의 사랑을 가장 감동적으로 보여 주는 것이 아니겠는가? '맛본다'는 단어는 친밀함을 가장 잘 표현해 주는 단어가 아닐까? 환상적인 순간에 있는 연인들은 서로 먹고 마시려는 욕구로 사랑을 표현하지 않는가? 사랑받는 자로서 우리의 가장 완전한 모습은 세상의 양식이 되는 것이네. 그것은 서로에게 우리 자신을 주고자 하는 가장 깊은 욕망을 가장 친숙하게 표현한 것이지.

어떻게 이런 일을 할 수 있는가? 우리가 자신을 다른 사람들에게 선물로 줌으로써 가장 깊은 만족을 얻을 수 있다면, 주기보다 소유에 대해 더 많이 이야기하는 사회에서 그러한 비전을 매일의 기초로 삼고 살아가는 일을 어떻게 시작하겠는가? 나는 두 가지를 제안하고 싶네. 그것은 삶으로 우리를 주는 것과 죽음으로 우리를 주는 것이네.

우선, 우리의 삶 자체가 나누어 줄 수 있는 훌륭한 선물이라네. 이건 우리가 쉽게 잊고 있는 사실이지. 서로에게 우리의 존재를 주는 것에 대해 생각할 때 가장 먼저 마음에 떠오르는 것은 우리의 독특한 재능이네. 특별한 일을 특히 잘할 수 있는 능력 말일세. 자네와 나는 그것에 대해 꽤 자주 이야기했었지. "우리의 독특한 재능은 무엇일까?" 하고 묻곤 했지. 그러나 우리의 재능에 초점을 맞출 때면, 우리의 진정한 은사는 우리의 행위보다 우리 존재 자체라는 사실을 망각하는 경향이 있네. 진정한 질문은 "우리가 서로에게 줄 수 있는 것이 무엇인가?" 가 아니라 "우리가 서로에게 어떤 사람이 되어 줄 수 있는가?" 라네. 이웃을 위해 무언가 고칠 수 있다는 것, 친구에게 도움이 될 만한 충고를 할 수 있다는 것, 동료에게 지혜로운 상담을 해 줄 수 있다는 것, 환자를 치료하거나 교구민에게 복음을 선포할 수 있다는 것은 분명 놀라운 일이네. 그러나 이 모든 것보다 더 큰 선물이 있지. 그것은 우리의 모든 행동을 통하여 빛나는, 우리의 삶이라는 선물이네. 나이가 들어 가면서, 내가 주어야 하는 가장 큰 선물은 내 삶의 기쁨, 나의 내적인 평안, 나의 침묵과 고독, 나의 행복감이라는 사실을 점점 깨닫고 있네. 나 자신에게 "누가 나를 가장 잘 도와주지?"라고 물을 때, "나와 함께 자신의 삶을 나누고자 하는 사람"이라고 대답할 수밖에 없다네.

　재능과 은사를 구분해 보는 것은 가치 있는 일이네. 우리의 재능보다 더 중요한 것이 우리의 은사니까. 우리가 재능은 별로 없을지 모르지만 은사는 많이 가지고 있네. 우리의 은사는 우리의 인간성을 표현하는 여러 가지 방법이라네. 우리 존재의 부분이기도 하지—우정, 친절, 인내, 기쁨, 평안, 용서, 온유, 사랑, 희망, 신뢰 그리고 그 외 다른 많은 것들. 이것들이 우리가 서로에게 주어야 하는 진정한 은사들이네.

어쨌든 나는 오랫동안 이 사실을 알고 있었지. 특히 이 은사들의 막대한 치유 능력을 경험함으로써 말일세. 그러나 나는 여기 정신 지체 장애인들의 공동체에 와서 살게 된 이후로 이 단순한 진리를 재발견해 가고 있네. 여기 있는 사람들에게는 자랑할 만한 재능이 거의 없네. 우리 사회는 돈을 벌고 공개 시장에서 경쟁을 하거나 보상을 얻으라고 하지만, 그들은 이 사회에 공헌할 수 있는 재능이 거의 없네. 그러나 그들의 은사가 얼마나 아름다운지! 산산조각 나 버린 가족 관계로 심한 고통을 겪었던 빌에게는, 내가 거의 경험해 보지 못한 우정의 은사가 있네. 내가 다른 사람들 때문에 괴로워하거나 참지 못할 때조차도 그는 항상 신실하게 나의 곁을 지키며 내가 하는 모든 일에서 나를 도와주곤 하지. 언어 장애가 있는 린다는 사람들을 환대하는 독특한 은사를 가지고 있네. 우리 공동체에 머물렀던 많은 사람이 자기를 가장 편안하게 해 주었던 사람으로 린다를 꼽고 있네. 말을 할 수 없고, 도와주는 사람 없이는 걷거나 먹지도 못하면서 끊임없는 손길을 요구하는 애덤에게는, 그를 돌봐 주고 그와 함께 사는 사람들에게 평안을 가져다주는 큰 은사가 있네. 이곳 라르쉬에 머무는 시간이 길어질수록, 장애가 없어 보이는 우리가 오히려 종종 진정한 은사들을 재능 아래 사장시키고 있음을 더 많이 깨달아 가고 있네. 장애가 있는 이 사람들은 가지고 있는 상처가 너무 명백하기 때문에, 다소 신비로운 방식으로 주저 없이 자유롭게 자기들의 은사를 나누어 주네.

지금은 그 이전보다도 더 분명하게, 우리가 서로에게 우리의 삶 자체를 주기 위해 부름받았음을 알고 있네. 그리고 그렇게 함으로써 우리가 진정한 사랑의 공동체가 되었음을 알게 되었네.

두 번째로 우리는 삶으로뿐 아니라 죽음으로도 우리 자신을 주도록 부름받았네. 하나님의 사랑받는 자인 우리는 우리의 죽음이 가장 훌륭한 선물이 되도록 하기 위해 부름받았지. 우리가 나누어 주는 삶을 살기 위해 상처받고 깨어진 존재가 되었다면, 최종적인 상처가 되는 죽음은 우리 자신의 최종적인 선물을 위한 수단이 되지 않겠는가? 죽음이란 가능한 한 오랫동안 피하고 싶은 큰 적인 것 같네. 죽는다는 것은 생각하고 싶지도 않고 말하고 싶지도 않은 것이지. 그럼에도 불구하고 죽음은 우리가 확신할 수 있는 엄연한 현실 중 하나라네. 우리 사회가 죽음을 잘 준비하는 일을 방해하고 있다는 데 대해 나는 계속 놀라고 있네. 그러나 하나님의 사랑받는 자녀들에게는, 죽는다는 것이 온전히 사랑받는 자가 되는 길로 가는

문이 된다네. 선택받았고, 축복받았고, 나누어 주기 위해 상처받았음을 아는 자들에게 죽음이란 순수한 선물이 되는 길일세.

우리가 죽음에 대해서는 그다지 많이 이야기한 것 같지 않네. 그건 먼 곳에서나 일어나는 비현실적인 이야기이고, 우리보다는 다른 사람에게나 해당되는 이야기 같았지. 폭력, 전쟁, 기근, 무관심으로 죽어 가는 수많은 사람들의 슬픈 현실이 매일 대중 매체를 통해 알려지고, 또 가족과 친구들과 연관된 사람들이 죽었다는 이야기를 심심찮게 듣고 있지만, 우리 자신이 죽음에 가까이 가고 있다는 사실에 대해서는 거의 주의를 기울이지 못하고 있네. 우리 사회에서는 친구나 가족이 죽었을 때 애곡할 시간조차 별로 없지. 우리 주변의 모든 것이 한결같이 '아무 일도 일어나지 않은 것처럼' 살아가라고 부추긴다네. 우리가 죽을 수밖에 없는 운명이란 사실에 미리 대비하지 못하고 막상 우리에게 죽음이 가까웠다는 사실에 직면하게 되면, 가능한 한 그 사실을 부정하려 하네. 또 그것을 피할 수 없을 때는 당황하고, 화가 치밀기까지 하네.

그러나 사랑받는 자로서 나는, 삶이란 나누어 주는 마지막 행위인 죽음의 준비 과정이라고 믿도록 부름받았네. 우리는 다른 사람들을 위해 살라는 부름을 받았을 뿐 아니라 다른 사람들을 위해 죽으라는 부름도 받았네. 어떻게 이 일이 가능하겠는가?

나는 몇 달 전에 세상을 떠난 절친한 친구 두 사람―머리 맥도넬과 폴린 배니어―에 대해 이야기하고 싶네. 나는 그들이 보고 싶네. 그들의 죽음 때문에 고통스러운 상실감에 시달렸지. 그들을 생각할 때마다 나는 그들이 더 이상 가족과 친구들의 곁에 없다는 사실 때문에 심한 아픔을 느끼네. 이제 그들에게 전화를 걸 수도 없고, 그들의 집에 들러 볼 수도 없고, 그들의 목소리를 들을 수도 없고, 그들의 얼굴도 볼 수 없네. 이루 말할 수 없는 슬픔을 느끼네. 그러나 내가 굳게 믿는 것은 그들의 죽음이 상실 이상의 무엇이라는 점이라네. 그들의 죽음 역시 하나의 선물이었네.

우리를 사랑했고 우리가 사랑했던 이들의 죽음은, 서로에게 새롭고 더 근본적인 교제, 새로운 친밀감, 새로운 소속감을 향한 가능성을 열어 준다네. 정말로 사랑이 죽음보다 강하다면 죽음은 사랑의 끈을 강하게 하고 깊게 하는 잠재력이 있을 걸세. 예수님이 제자들 곁을 떠나신 후에야 그들은 예수님이 하신 말씀의 진정한 의미를 이해할 수 있었네. 그러나 그것은 사랑 안에서 죽는 모든 사람에게 적용되는 것이 아니겠는가?

우리가 죽을 때에만이 우리 영혼이 온전히 그 모습을 드러낼 수 있네. 머리와 폴린은 둘 다 아름다운 사람이었네. 그러나 그들 역시 많은 욕구와 상처 때문에 사랑할 수 있는 능력이 제한되었던 사람들이지. 그들이 이 세상을 떠나고 없는 지금, 그들의 영혼을 가두고 있던 욕구와 상처들은 더 이상 우리에게 그들 전체를 주는 일을 방해하지 못하게 되었네. 이제 그들은 우리에게 자신들의 영혼을 보내 줄 수 있고, 우리는 그들과 새로운 교제를 누리며 살 수 있네.

준비 없이는 이런 일이 일어나지 않는다네. 나는 죽을 수밖에 없는 자신의 운명을 완강히 거부하면서 분노와 원통함을 그대로 안고 숨을 거두는 사람들을 보았기 때문에 그 사실을 알고 있네. 그들의 죽음은 좌절의 근원이 되었지. 그들 뒤에 남은 사람들에게 죄책감을 느끼게 하기도 했지. 그런 이들의 죽음은 결코 선물이 되지 못했고, 우리에게 보내 줄 것이 거의 없었네. 흑암의 권세가 그 영혼을 소멸시켜 버렸기 때문이지.

그래, 훌륭한 죽음이라는 것이 있다네. 우리는 자신이 죽는 방법에 대해 책임을 져야 한다네. 죽음이 실패가 될 뿐이라는 생각으로 삶에 집착하는 태도와, 우리가 희망의 근원으로서 다른 사람에게 나누어질 수 있도록 삶을 자유롭게 놓아주는 태도 중 하나를 택해야만 하네. 이건 아주 중요한 선택이고, 우리는 매일의 삶에서 그 선택에 따라 '움직여야만' 하네. 죽음이 최종적인 실패가 되어서는 안 되네. 또 삶의 투쟁에서 최종적인 패배의 현장이 되어서도, 피할 수 없는 운명이 되어서도 안 되네. 인간의 가장 심층적인 욕구가 자신을 다른 사람에게 주는 것이라는 말이 사실이라면, 우리의 죽음을 궁극적인 선물로 준다는 일이 가능하다고 생각하네. 아무 대가를 바라지 않는 선물이 될 때 그 죽음이 얼마나 풍성한 것이 되는지 생각하면 정말 놀랍다네.

갑작스럽게 심장 마비로 죽은 머리는 죽기 전 5년 동안 죽음을 준비했네. 그는 아내 페기와 아홉 명의 자녀, 그들의 가족 그리고 그를 사랑한 모든 이에게 점점 상처가 되어 갔지. 그러나 그에게는 자신의 모든 분투와 화해할 수 있는 용기가 있었네. 나에 대한 엄청난 개방성, 정신 지체 장애인들과 함께하는 내 삶에 대한 진지한 관심, 내 글에 대한 아낌없는 지원은 우리 사이에 깊은 우정이라는 유대 관계를 형성시켜 주었네. 그가 내 곁에 없다는 것은 상상할 수도 없었네. 그러나 그의 죽음이 너무나 충격적임에도 불구하고, 그의 죽음은 사랑의 축하 잔치가 되었네. 그가 죽은 지 1년이 지나 온 가족이 다시 모였을 때, 모두가 아름다운 이야기들을 나눌 수 있었네. 다들, 그의 떠남을 슬퍼한 모든 이에게 머리가 주고 간 새로운 생명과 새로운 희망을 이야기했다네.

폴린 배니어는 93세에 세상을 떠났네. 캐나다의 전직 장관의 아내로서 그녀는 세상의 권력가들, 명사들과 교제하며 살았지. 그러나 남편과 사별한 후로는 아들 진이 섬기는 약하고 힘없는 사람들의 공동체에 합류해, 많은 사람의 할머니요 엄마요 둘도 없는 친구가 되었네. 내가 그녀의 집에 머물 때면, 그녀는 나를 극진히 보살펴 주고 풍부한 지혜를 나누어 주었지. 라르쉬에 왔다면 나에게는 사랑스런 '마미'로 통했을 걸세. 그녀가 그립네. 그러나 나는 그녀의 삶의 열매들이 내 삶에서 그리고 그녀와 가까웠던 모든 이들의 삶에서 점점 더 분명해질 것을 알고 있네. 나는 유머와 기도의 영으로 충만한 그녀의 영혼이 우리를 안내해 줄 거라 믿고 있네.

사랑받는 자의 죽음은 많은 이들의 삶 가운데서 열매를 맺게 되지. 우리는 우리의 짧은 인생이 시간을 초월하며 열매를 맺을 수 있음을 믿어야 하네. 그러나 그렇게 되기로 선택을 해야 하고, 우리를 기억할 사람들에게 기쁨과 평화와 생명을 가져다 줄 영혼이 우리에게 있음을 확신해야 하네. 아시시의 프란체스코는 1226년에 죽었네. 그러나 그는 아직도 생생히 살아 있네. 그의 죽음은 진정한 선물이었지. 그는 거의 여덟 세기가 지난 오늘날에도 프란체스코 공동체에 속한 사람이든 아니든 형제자매들에게 위대한 열정과 생명을 부어 주는 일을 계속하고 있네. 그는 죽었지만, 결코 죽지 않았네. 그의 생명은 전 세계에서 새로운 열매를 맺어 가고 있고, 그의 정신은 계속해서 우리에게 전수되고 있네. 이것은 죽음이 진실로 삶의 최종적인 선물이 될 수 있다는 내 확신을 훨씬 능가하는 것이지.

자네와 나는 살 날이 얼마 남지 않았네. 우리 앞에 남아 있는 20년, 30년, 40년, 50년은 너무나 빨리 지나가 버릴 걸세. 우리는 영원히 살 수 있을 것처럼 행동할 수 있고 그렇지 못할 때 놀랄 수도 있지. 그러나 또한 다른 사람을 위해 살겠다는 위대한 소망이, 우리가 어떻게 죽느냐에 따라 성취될 수 있다는 즐거운 기대감으로 살아갈 수도 있네. 자유롭게 우리의 삶을 내려놓고 죽음을 받아들일 수 있다면, 우리와 우리를 사랑하는 모든 이들은, 우리가 줄 수 있는 것이 얼마나 많은가를 발견할 수 있을 걸세.

우리는 삶뿐 아니라 죽음을 통해서도 나누어 주는 삶을 살도록 선택받고 축복받고 상처도 받았네. 하나님의 사랑받는 자녀인 우리는 서로서로의, 아니 이 세상의 양식이 되라는 부르심을 받았네. 이 비전은 많은 사람을 배부르게 한 보리떡 기적을 일으킨 엘리사의 이야기에 새로운 차원을 제공해 준다네. 엘리사는 보리떡 20개와 자루에 담은 채소를 가지고 온 종에게 이렇게 말했네. "무리에게 주어 먹게 하라." 그때 종은 이렇게 말했지. "내가 어찌 이것을 백 명에게 주겠나이까?" 엘리사는 계속해서 이렇게 이야기했네. "무리에게 주어 먹게 하라." 종은 그대로 따랐고, 그랬더니 무리가 먹고 남기까지 했네.

이 이야기는 영적인 삶에도 적용되지 않겠는가? 우리는 효율성, 통제, 성공 지향적인 세상의 눈으로 볼 때는 보잘것없고 무의미한 종들일지 모르네. 그러나 하나님이 우리를 영원 전부터 선택하시고 축복받은 자들로서 세상에 보내시고 고통 가운데 넘겨주셨다는 사실을 깨닫는다면, 우리 역시 우리의 보잘 것 없는 삶으로 수많은 사람들의 필요를 채워 주고 풍성하게 할 수 있다고 믿을 수 있지 않겠는가? 겉으로만 번지르르하고 자존심만 세우는 말처럼 들릴지도 모르네. 그러나 사실 풍성한 열매를 맺는 삶이 가능하다는 믿음은 겸손한 심령에서 흘러나온다네. 새로운 생명의 탄생으로 인해 감사와 감격이 넘쳤던 한나의 겸손한 심령을 보게. "내 심령이 나의 구세주 하나님을 높여 드립니다. 당신은 당신의 비천한 여종을 굽어 살피셨습니다. 그리고 나를 위해 큰일을 이루셨습니다.…이 날로부터 모든 세대가 나를 축복받은 자로 칭송할 것입니다." 우리의 보잘것없는 삶이 상상하기조차 어려운 풍성한 열매를 맺게 될 걸세. 우리가 그것을 인식하고 사랑받는 자의 삶을 살아가기만 한다면 말일세. 가장 위대한 믿음의 행위 가운데 하나는, 우리가 이 땅에서 사는 몇 년이 가장 좋은 땅에 심긴 작은 씨와 같다고 믿는 것일세. 열매를 맺기 위해서는 씨가 죽어야만 하네. 우리는 보통 죽어 가는 것만을 보거나 느낄 뿐이지만, 우리 자신이 거두지는 못하더라도 수확은 풍성할 걸세.

삶이 나누어 주는 가운데 풍성해진다는 사실을 믿을 수 있다면, 우리의 삶이 얼마나 달라지겠는가! 작지만 성실한 행동,

사랑의 몸짓, 용서의 말, 작은 기쁨과 평화가, 그것을 받아들이는 사람이 있는 한 계속 배가될 수 있다고 믿는다면, 그 후에도 남는 것이 있을 것이라 믿는다면…우리의 삶이 얼마나 달라지겠는가!

로빈에 대한 자네의 사랑, 친구들에 대한 친절, 가난한 이들에 대한 관대함이 작은 겨자씨와 같다고 확신하는 자신을 상상해 보게. 후에 많은 새들이 둥지를 틀 강한 나무가 될 겨자씨 말일세. 또 상상해 보게. 자네의 미소, 악수, 포옹, 키스가 전 세계에 걸친 사랑과 평화의 공동체를 형성하는 작은 출발점이 된다는 것을 마음 깊이 확신한다고 말일세. 모든 작은 사랑의 움직임이 새롭고 더 큰 원을 이루는 파문―잔잔한 연못에 던져진 작은 돌멩이처럼―을 일으킬 것이라 상상해 보게. 상상, 또 상상해 보게. 낙담하거나 화를 내고 분노를 일으키거나 복수심에 불탈 수 있겠는가? 미워하거나 파괴하고 죽일 수 있겠는가? 찰나와 같은 현세적 실존의 의미 문제로 절망할 수 있겠는가?

보잘것없는 우리 같은 사람들이, 나누어 주는 행동 가운데서 풍성해질 양식이 되기 위해 선택받고 축복받고 상처받은 존재가 되었음을 진정으로 알게 된다면, 자네와 나는 기쁨에 넘쳐 춤을 출 걸세. 더 이상 죽음을 두려워하지 않을 걸세. 오히려 우리의 전 존재를 다른 사람을 위한 선물로 만들고 싶은 소망의 절정이 죽음이라고 생각하고 그것을 향한 삶을 살게 될 걸세. 그런 마음과 정신 상태와 거리가 멀다는 사실은, 우리가 영적 생활의 초보자요 우리의 소명에 대한 온전한 진리를 제대로 주장하지 못하고 있다는 증거라네. 그러나 우리는 감사할 수 있네. 우리가 인식할 수 있는 한 줄기 진리의 빛이 있고, 언제나 신뢰할 대상이 더 남아 있다는 사실로 인하여, 언제나!

몇 년 내에 우리 둘은 땅에 묻히거나 화장될 걸세. 아마도 우리가 살던 집은 그대로 있겠지만, 다른 누군가가 살 것이고 우리에 대해서는 거의 아무것도 모를 걸세. 그러나 내가 믿는 바는, 또 자네도 믿으리라 소망하는 바는, 이 세상에서 쉽게 망각되어 버릴 우리의 짧은 여행이 모든 시간과 장소를 통하여 사람들에게 삶을 나누어 주는 일로 지속되리라는 것이네. 일단 우리의 죽을 육체에서 자유로워진 사랑의 영은, 오고 감을 듣는 사람이 거의 없을 때조차도 원하는 대로 날아다닐 걸세.

사랑받는 자로 살아가다 _____

선택받고, 축복받고, 상처받고, 나누어 주는 사람들인 우리는 마음의 기쁨과 평안을 누리며 살아가도록 부르심을 받았네. 그것이 사랑받는 자의 삶이라네. 즉 우리가 사랑받을 가치가 있는 존재라는 사실을 증명하는 것이 우리의 의무인 양 계속해서 세뇌시키는 이 세상 속에서 우리가 살아 내야 할 삶이지.

그러나 그 모든 것의 이면에 있는 것은 무엇인가? 경력을 쌓고자 하는 욕망, 성공과 명예에 대한 기대, 명성을 떨치고 싶은 우리의 야망은 어떻게 하란 말인가? 그것은 무시되어야 하나? 이러한 포부들은 영적인 삶과 반대되는 것인가?

어떤 사람은 그 질문에 "그렇다"라고 대답할지도 모르네. 그리고 자네에게 빠른 속도로 돌아가는 대도시에서 벗어나, 방해받지 않고 영적인 삶을 누릴 수 있는 곳을 찾으라고 충고할 걸세. 그러나 나는 그것이 자네의 길은 아니라고 생각하네. 나는 자네가 있어야 할 곳이 수도원이나 라르쉬와 같은 공동체나 한적한 시골은 아니라고 믿네. 많은 도전이 있는 도시가 자네와 자네 친구들에게 그렇게 나쁘지는 않다고 말할 수 있네. 그곳에는 자극, 흥분, 운동 그리고 보고 듣고 맛보고 즐길 것이 많네. 세상은 자네가 세상의 종이 될 때에만 악한 것이지. 자네가 세상에 굴복해야 한다는 압력을 느끼지 않는다면 세상에서 많은 것을 제공받을 수 있네. 이집트가 야곱의 아들들에게 그러했던 것처럼 말일세. 자네가 감당해야 할 거대한 투쟁은 세상을 등지고, 야망이나 포부를 거부하고, 돈, 명예, 성공을 멸시하는 것이 아니라, 영적인 진리를 추구하면서 세상에 속하지 않은 자처럼 이 세상에서 사는 것이네. 경쟁에서 이긴다는 것은 흥분되는 일이고, 영향력 있는 사람을 만난다는 것은 흥미로운 일이지. 또 링컨 센터에서 콘서트를 관람하거나 영화를 보거나 대도시에서 새로운 전시관을 방문하는 일은 우리에게 자극이 되지. 좋은 친구, 맛있는 음식, 멋진 옷이 왜 잘못되었단 말인가?

확신하건대, 세상에 있는 모든 좋은 것은 자네가 즐기도록 주어진 것이네. 그러나 자네가 하나님의 사랑받는 자가 되었다는 진리를 인정하는 것들로서 그것들을 인식할 때에만 진정으로 즐길 수 있네. 그 진리만이, 자네가 사랑받는 자임을 증거하는 징표로서 자연과 문화의 아름다움을 감사함으로 받아들일 자유를 선사할 걸세. 자네는 그 진리로 인해 사회로부터 선물을 받을 수도 있고 인생을 경축할 수도 있을 걸세. 그 진리는 또한, 자네를 괴롭게 하고 혼란스럽게 하며 자네 안에 거하시는 성령의 삶을 위태롭게 만드는 것에서 해방시켜 줄 걸세.

자네가 세상에 보냄 받은 존재라고 생각해 보게. 자네가 세상이 시작되기 전부터 사랑받았던 자라고 확신할 때 가능할 그런 모습을. 자네가 진정한 믿음의 도약을 위해 부름받았음을 자각하게. 자네가 그저 그런 사람이고, 결국 잃어버린 바 될 사람임을 시초부터 알고 있었다는 사실을 증명하라는 거대한 압력에 굴복하여 이 세상을 살아가는 한, 자네의 삶은 생존을 위한 긴 투쟁에 지나지 않을 걸세. 그러나 이 세상에서 **진정한 삶을 살아가고** 싶다면, 세상을 그 삶의 근원으로 보아서는 안 되네. 세상과 세상의 전략을 통해 오랜 시간 살아남을 수는 있지만, 자네는 진정으로 살 수는 없네. 세상은 세상 자체의 생명의 근원도 못 되기 때문이지. 그러니 자네의 삶은 말할 것도 없지 않은가!

영적으로 자네는 세상에 속하지 않았네. 그리고 그렇기 때문에 분명 자네는 세상으로 보냄을 받았지. 자네의 가족, 친구, 동료, 경쟁자 그리고 자네가 인생 여정에서 만날 수 있는 모든 사람은 단순히 살아남는 것 이상을 추구하고 있네. 따라서 자네는 보냄 받은 자로서 그들 가운데 있으면서 그들이 진정한 생명의 한 줄기 빛을 잡도록 해 주어야 할 걸세.

자네가 이 세상에 보냄 받은 존재라는 사실을 아는 순간부터 모든 것이 급격하게 변하게 된다네. 시간과 공간, 사람과 사건, 예술과 문학, 역사와 과학, 이 모든 것이 불투명한 상태에서 벗어나 투명해질 걸세. 그리고 그것들 너머로 자네의 본향이요 자네가 결국 돌아가게 될 그곳을 가리켜 보여 줄 걸세. 나로서는 이 급진적인 변화를 설명하기가 어렵네. 그것은 일상 용어로 설명할 수 없고, 자기 암시라는 새로운 훈련 방법으로도 배우거나 얻을 수 없는 변화이기 때문이지. 내가 말하는 변화란, 자신이 사랑받을 가치가 있음을 **증명해야** 하는 고통스러운 삶에서, 사랑받고 있다는 진리에 **"그렇습니다"**로 지속적으로 반응하는 삶으로 변화하는 것이네. 단순히 이렇게 생각하게. 삶이란 우리 본연의 모습으로 돌아가게 하기 위해 하나님이 주신 기회라고. 우리의 진정한 영적 본성을 확인하고, 우리의 진리를 주장하고, 우리 존재의 실재를 인정하고 통합하기 위해, 그러나 무엇보다도 우리를 사랑받는 자로 부르신 하나님께 "네, 그렇습니다"라고 대답하기 위해 하나님이 주신 기회라고 말일세.

하나님은 우리를 사랑하시며 또 사랑받기를 원하시는 분이라는 것이 하나님에 대한 불가사의한 진리라네. 우리를 창조하신 분은, 우리를 지으신 그 사랑에 우리가 반응하기를 기다리고 계시지. 하나님은 "너는 내가 사랑하는 자다"라고 말씀하실 뿐 아니라, "네가 나를 사랑하느냐?"고 질문하시고 우리가 "네, 그렇습니다"라고 대답할 수 있도록 수많은 기회를 만들어 주시지. 우리 내면의 진리에 "네, 그렇습니다"라고 대답하는 기회, 그것이 바로 영적인 삶이네. 그렇게 이해하게 되면 영적인 삶이 근본적으로 모든 것을 변화시키지. 태어나고 자라는 것, 집을 떠나 직장을 찾는 것, 칭찬받거나 거절당하는 것, 걷는 것과 쉬는 것, 기도하거나 노는 것, 아픈 것과 치료받는 것 그리고 살고 죽는 것, 이 모든 것이 "네가 나를 사랑하느냐?"는 하나님의 질문이 표현된 것이네. 그리고 인생 여정의 모든 순간에 "네, 그렇습니다"라고 하는 선택과 "아니요, 그렇지 않습니다"라고 하는 선택이 있게 되지.

자네가 이러한 영적 시각에 대해 조금이라도 알 수 있게 되면, 우리의 일상생활에서 아주 중요하게 여기던 구분들이 그 의미를 상실하는 경우가 얼마나 많은지 알 수 있을 걸세. 기쁨과 고통이 모두 하나님의 자녀 되었음에 대해 "네, 그렇습니다"라고 대답할 기회가 된다면, 고통과 기쁨이 반대되는 것이 아니라 오히려 비슷한 것임을 알게 될 걸세. 상을 받는 경험과 우수하지 못함을 알게 되는 경험이 둘 다 하나님의 '사랑받는 자'라는 우리의 진정한 정체성을 주장할 기회를 제공한다면, 이 경험들은 다른 것이 아니라 거의 같은 것이 되지. 외로움과 편안함 모두에 우리를 자녀 삼으신 하나님을 더 잘 발견하게 하기 위한 부르심의 의미가 있다면, 이러한 감정은 별개의 감정으로 남아 있지 않고 통합되네. 결국 사는 것과 죽는 것 둘 다가 온전한 영적 자아실현을 이루도록 하는 것이라면, 그것들은 세상이 가르치는 것처럼 정반대가 아니라 오히려 하나님의 사랑이라는 동일한 신비의 양면이 되는 것이지. 영적인 삶을 산다는 것은 하나의 통합된 실재로서 살아간다는 말이네. 어둠의 세력은 나누고 분리하고 대적하게 만드는 반면, 빛의 세력은 하나를 이루게 한다네. '악마적'이란 단어의 문자적 의미는 나눈다는 것이지. 마귀는 분리시키고, 성령님은 하나가 되게 하신다네.

영적인 삶이란, 우리의 일상생활에 스며들어 파괴와 폭력을 일으키는 수많은 분리 현상을 거스르는 것이네. 이러한 분리 현상들은 내면적이기도 하고 외면적이기도 하지. 우리의 가장 내적인 감정 안에도 분리 현상은 있고, 가장 일반화된 사회 집단 가운데서도 분리 현상은 있다네. 내 속에서 발견되는 기쁨과 슬픔의 분리 현상이나 내 주위의 문화, 종교, 종족들의 분열은 모두 어두움의 악마적인 세력에서 그 근원을 발견할 수 있다네. 우리를 사랑받는 자로 부르신 하나님의 성령은 통일체를 만들고 연합하게 하시는 영이시네. 하나님의 성령의 임재를 분별하는 가장 분명한 방법은, 연합, 치유, 회복, 화해의 순간들을 알아내는 것이네. 성령이 역사하시는 곳마다,

분열은 사라지고 내적으로는 물론 외적으로도 연합된 모습이 나타난다네.

내가 가장 하고 싶은 말이 무엇이겠나? 우리의 일상생활 전체가 '위로부터의' 삶, 다시 말해 세상으로 보냄 받은 사랑받는 자로서의 삶이라면, 우리가 만나는 모든 사람과 우리에게 일어나는 모든 일은 죽음이 앗아 갈 수 없는 삶을 선택할 수 있는 독특한 기회가 된다네. 따라서 기쁨과 슬픔은 영적인 온전함에 이르는 길의 한 부분이 되지. 나는 이러한 시각이 감동적으로 표현된 곳을 발견했네. 바로 소설가 줄리앙 그린이 친구인 프랑스 철학자 자크 마리탱에게 쓴 편지에서 말일세. 그는 이렇게 썼네. "자네가 수많은 성자들의 신비한 체험을 생각할 때, 고도의 수준에 이르면 기쁨과 고통을 동일한 현상의 다양한 국면들로 인식하게 된다고 생각할지 모르겠네. 분명 말도 안 되는 유추가 떠오르네. 아주 차가운 것이 불에 타고 있는 것. 우리가 고통을 통해서만 하나님께 갈 수 있다는 것 그리고 이 고통이 기쁨이 된다는 것은 거의 확실한 듯하네. 아니 확실하네. 그것은 궁극적으로 동일한 것이기 때문이지."

이 모든 것이 우리를 어디로 이끌고 가는가? 나는 그것이 우리가 태어난 '곳', 하나님이 거하시는 '곳'으로 돌아가게 한다고 생각하네. 우리는 잠시 세상에 보냄 받은 자들이네. 우리가 살아가는 현시대에서 겪는 기쁨과 아픔을 통해 우리에게 주어진 사랑에 "네, 그렇습니다"라고 대답하기 위해서 말일세. 그렇게 함으로써, 우리의 마음에 "네, 그렇습니다"를 새긴 채 우리를 보내신 분께 돌아가게 되네. 그러기에 우리의 죽음은 그분께 돌아가는 순간이 되는 것이지. 그러나 우리의 삶 전체가 우리를 존재하게 하시고 사랑받는 자로 부르신 그분께로 돌아가는 인생 여정이 될 때에만 그렇게 될 수 있네. '장차 올' 삶 혹은 '영생'의 개념에 대해서는 어떤 혼란이 있네. 개인적으로 나는 영생을 굳게 믿고 있지만, 그것을 단순히 육체적 죽음 이후의 삶이라고만 생각하지는 않네. 우리의 죽음이 충만한 삶을 향한 문이 되기를 기대할 수 있으려면, 우리 '생애'의 많은 순간들에 성령님이 우리를 주장하시도록 요구해야 하네. 영생이란 우리 존재의 종말에 갑자기 다가오는 어떤 놀라운 일이 아니라, 오히려 계속되는 우리 존재와 삶의 온전한 계시라고 할 수 있네. 전도자 요한은 그러한 사실을 이렇게 간명하게 표현했네. "사랑하는 자들아…장래에 어떻게 될지는 아직 나타나지 아니하였으나 그가 나타나시면 우리가 그와 같을 줄을 아는 것은 그의 참모습 그대로 볼 것이기 때문이니" (요일 3:2).

이러한 시각을 가질 때 죽음은 더 이상 패배가 되지 않는다네. 오히려 그것은 가장 온전한 하나님의 자녀가 될 수 있는 곳으로 돌아가는 위대한 귀환이며, 궁극적으로 "네, 그렇습니다"라고 하는 대답이 되지. 그러나 나는 대부분의 사람이 죽음을 이런 식으로 보지 않는다고 생각하네. 그것을 온전함을 완성하는 순간으로 보는 대신 가능한 한 오랫동안 다가오지 못하게 해야 하는 아주 큰 실패로 보고 두려워하지. 우리 사회는, 죽음이란 결국 우리의 의지와 욕망을 거슬러 더 좋은 것을 앗아 가려는 무서운 적이라고 말하네. 그러나 그렇게 이해할 때 삶은 패배가 예정된 전쟁, 희망 없는 분투, 절망의 여정에 지나지 않네. 나와 자네의 비전은 근본적으로 그와 다르기를 희망하네. 비록 나의 세계의 많은 두려움과 경고에 굴복하기도 하지만, 나는 아직도 이 땅에서의 몇 년은 생사의 경계를 넘어서는 훨씬 거대한 사건의 한 부분이라는 사실을 굳게 믿고 있네. 그것은 시간 속으로의 사명, 아주 즐겁고 흥분되기까지 한 사명이라고 생각하네. 그 사명을 이루도록 나를 보내신 그분은 내가 집으로 돌아와 이 땅에서 배운 것을 이야기해 주기를 기다리고 계시기 때문이지.

내가 죽기를 두려워하는가? 나의 '보잘것없는 삶'은 내 소유에 달려 있다고 하면서 온 힘을 다해 그것에 매달리라고 권유하는 세상의 시끄러운 목소리에 나 자신을 방치하도록 유혹받는 순간에는 죽음이 두렵네. 그러나 내 삶에서 이 목소리들을 멀리 치워 버리고 나를 사랑받는 자로 부르시는 작고 부드러운 목소리에 귀 기울일 때는, 두려울 것이 없음을 알고 있네. 또 죽음은 위대한 사랑의 행동이라는 것을, 끊임없는 사랑을 품으신 내 하나님의 영원한 품으로 나를 이끄는 행동이라는 것을 알고 있네.

에필로그: 우정이 깊어지다

집필을 끝낸 후 나는 원고를 프레드에게 보냈다. 원고를 보내면서 과연 이 글이 "저와 믿지 않는 제 친구들을 위해 영적인 삶에 관한 글을 써 주세요"라는 그의 요청에 대한 답변이 될 수 있을지 걱정했다. 나는 내 마음에서 그의 마음으로, 나의 가장 개인적인 경험에서 그의 경험으로, 나의 진정한 자아에서 그의 자아에게 말하려고 노력했다. 그리고 내가 이를 어느 정도 성취했을지 매우 궁금했다.

글을 받고 얼마 후 프레드는 나에게 전화를 걸어, 공동체에서 며칠을 보내면서 이 글에 대한 이야기를 나누기 위해 토론토로 오겠다고 했다. 그가 왔을 때, 우리는 지난 10년간의 만남으로 인해 우리가 처음 만났을 때보다 관계가 훨씬 더 견고해졌음을 알았다. 나는 라르쉬 공동체에서 진정한 안식처를 찾았고, 프레드는 첫아이를 기다리며 행복한 결혼 생활을 하고 있었고 일에도 만족하고 있었다. 그는 10대들을 위한 두 권의 책을 저술했는데 하나는 걸프전쟁에 관해서고, 다른 하나는 부모님을 잃는 것에 관한 책이었다. 또 정치, 예술, 문학, 스포츠 같이 다양한 영역의 전문가와 지도자들의 추천도서에 관한 책을 준비 중이었다. 그는 새벽 시간을 소설 쓰는 데 사용하기까지 한다. 그가 기대했던 것과는 다르지만, 작가가 되겠다는 꿈은 이룬 것이다.

우리 둘 다 많이 성장했다. 불안정감도 많이 사라지고 뿌리도 깊어졌다. 그러나 또한 우리 사이의 거리에 대해서도 깨닫게 되었다. 이 책의 내용에 대해 장시간 대화를 나누면서 분명해진 점이 있다. 비록 프레드가 나의 글에 대해 장점들을 많이 이야기했지만, 나는 그가 기대했던 바를 이루지 못했다는 것이다. 그는 두 명의 친구에게 이 원고를 보여 주었는데, 그 두 사람 다 그다지 깊은 감명을 받지는 못했다. 좀더 이야기를 나누면서 프레드는 나에게 이런 확신을 주었다. 이 책은 내가 생각했던 것만큼 나의 이전 책들과 근본적으로 다르지 않다는 것이다. 프레드는 항상 내 글을 좋아했다. 그러나 그것이 그의 필요에 대해 직접적으로 말했기 때문은 아니었다. 그는 그 글을 '회심한' 사람을 위한 글이라고 여겼지, 진정으로 비그리스도인들을 위한 글은 아니라고 생각했다. 그런 점에서 그는 이 책이 그다지 다르지 않다고 느낀 것이다.

나는 영적인 삶에 관한 한 우리 사이의 간격이 생각보다 훨씬 크다는 사실을 알고 매우 실망했다. 나는 그와 오랫동안 친구로 지낸 후라, 그 간격의 다리가 되어 줄 단어를 찾을 수 있으리라고 간절히 바랐다. 또 성령 안에서의 삶을 개발하고자 하는 진정한 소망이 생기도록 프레드와 그의 친구들에게 말할 수 있기를 간절히 소원했다.

왜 나는 프레드와 그의 친구들의 가장 기본적인 관심사들에 대해 말할 수 없었을까? 프레드는 그 문제에 대해 나의 민감함을 잘 아는 상태에서 아주 부드럽게, 그러나 또한 아주 분명하게 이렇게 말했다. "교수님은 교수님의 중심에서, 나와 내 친구들을 위한 글을 쓰려 하신 것이 분명합니다. 또 교수님에게 가장 귀중한 것을 우리에게 표현해 주셨습니다. 그러나 교수님은 우리가 교수님으로부터 얼마나 멀리 떨어져 있는지를 깨닫지 못하셨습니다. 교수님은 우리에게는 낯선 전통과 상황에서 말씀하셨습니다. 또 그 말씀은 우리가 공유하지 못하는 많은 전제에 근거를 둔 것이었습니다. 교수님은 우리가 얼마나 세속적인지를 알지 못하셨습니다. 사랑받는 자의 삶에 대해 교수님이 말씀하신 것에 온전히 마음을 열 수 있기 전에, 우리에게는 많고 많은 질문들의 답을 얻는 것이 필요합니다."

이런 비평을 듣기가 쉽지는 않았다. 그러나 나는 어떤 도전을 받고 있는지 진정으로 알기 위해 방어적이지 않은 자세로 듣고 싶었다. 나의 시도는 세속 세계에서 '하나님의 사랑의 증거'가 되는 것이었다. 그러나 나는 요트는 말할 것도 없고 호수나 바다도 본 적이 없는 청중은 잊은 채, 항해 기술에만 열을 올리고 있는 사람같이 느껴졌다.

프레드는 문제를 설명하려고 노력했다. "사랑받는 자와 사랑받는 자가 되는 것에 관해 말씀하시기 전에 먼저 다음과 같은 아주 기본적인 질문들에 대답하셔야 했습니다. '하나님은 누구신가?', '나는 누구인가?', '내가 왜 여기에 있는가?', '어떻게 해야 내 삶이 의미가 있는가?', '어떻게 신앙을 가질 수 있는가?' 교수님이 이런 질문들에 대답해 주시지 않는다면, 사랑받는 자가 되는 것에 대한 교수님의 아름다운 묵상은 우리에게는 한낱 꿈에 지나지 않을 겁니다."

프레드는 다른 것도 많이 이야기했지만, 내 글에 대한 주된 반응은 내가 진정으로 그들의 세계로 들어가지 못했다는 것이었다. 네덜란드에 사는 내 조카들, 캐나다와 미국에 있는 사업상의 친구들, 전 세계에 흩어져 있는 많은 나의 독자들의 반응으로 겪은 경험에 정직하다면, 나는 프레드의 비평이 그들 대부분이 말하는 내용과 아주 비슷하다고 고백할 수밖에 없다. 교회나 회당의 전통적인 언어에 익숙하지 않은 사람들에게 어떻게 하나님의 신비를 표현하느냐는 더 이상 문제가 아니다. 문제는 이 세상에 우리가 '신성하다'고 말할 만한 것이 있느냐다. 우리가 하는 일 가운데, 우리가 알고 있는 사람 가운데, 신문에서 읽거나 텔레비전에서 보는 사건들 가운데, 그 모든 것을 초월하여 칭송과 경배를 받기에 합당하며 신성하고 거룩한 내적 평온을 지닌 누군가가 혹은 무언가가 있는가?

프레드가 진정 말하고자 한 것은, 우리 세계에서 신성한 것이 사라짐으로 인해 인간의 상상력이 빈곤해졌으며, 많은 사람이 상실감 내지는 공허감을 안고 살고 있다는 것이다. 우리는 어떻게 또 어디서 신성함을 재발견하여 삶의 중심에 갖다 놓을 수 있겠는가? 내가 이제야 분명히 깨달은 바는 이 책이 그 질문에 대해 충분히 대답하지 못했다는 것이다.

내가 그렇게 할 수 있었을까? 내가 그렇게 했어야만 했는가? 프레드와 나는 며칠 동안 데이브레이크의 라르쉬 공동체에서 함께 생활했다. 우리가 정신 지체 장애인들과 그들을 돌보는 사람이 함께 살아가는 다양한 가정을 방문했을 때, 나는 나의 일상 경험 안에 닻을 내린 개념과 비전에 대해서만 말할 수 있고 쓸 수 있다는 사실을 서서히 깨닫게 되었다. 그리고 이러한 경험들에는 하나님의 임재 의식이 철저히 스며들어 있다. 내가 하나님 중심적인 삶의 실재에서 발을 빼면서 다음과 같이 묻는 사람들에게 대답할 수 있을까? "살기 위해, 행복하기 위해, 삶을 즐기기 위해, 나의 깊은 욕망을 채우기 위해 정말로 하나님이 필요한가? 나무랄 데 없는 창조적인 삶을 살기 위해서는 신앙이 필요한가?"

나의 내면은 누군가에게 무엇인가를 증명해야 한다는 데 뿌리 깊은 저항을 느끼고 있다. 나는 "풍성한 삶을 살기 위해서는 하나님이 필요하다는 것을 보여 드리겠습니다"라고 말하고 싶지 않다. 단지 "나에게는 하나님이 나를 사랑받는 자로 부르신 분입니다. 그리고 내가 원래의 나 자신의 모습으로 되어 가기 위해 노력하는 것을 다른 사람에게 표현하고 싶은 소망이 있습니다"라고 말할 수 있을 뿐이다. 그것이 없다면 나는 아주 초라하고 무력하다고 느낄 것이다.

그러나 이 모든 것이, 이 책에 대한 프레드의 반응이 나에게 엄청난 도전이 되지 않았다는 의미는 아니다. 그것은 나의 내면에서 세속 세계와의 내적인 결속 의식을 찾아보라는 도전이었다. 내가 비록 그리스도인 공동체 안에 살고 있고, 우리의 공동생활 속에서 신성한 것을 양성하고 보호하는 책임이 크다 하더라도, 나는 우리 공동체의 안팎으로 세속 세계에 둘러싸여 있다. 그러나 그 이상으로 내가 알고 있는 바는, 내 삶을 신성한 것에 고정하는 만큼 나는 또한 아주 세속적인 사람이라는 사실이다. 프레드가 제기한 질문들은 낯선 것이 아니었다. 사실 나는 세속 세계와 친밀한 대화 속으로 들어갈수록, 나 자신의 세속성을 더 잘 발견할 뿐 아니라 프레드와 그의 친구들도 내가 생각했던 것만큼 나와 이질적이지 않았음을 더 잘 알 수 있었다.

아마도 강력한 도전은, 세속 세계에 깊숙이 들어가서 믿음과 소망과 사랑을 이야기하는 일을 두려워할 필요가 없을 정도로 하나님의 사랑을 확고하게 믿느냐 하는 것이다. 아마도 그 간격의 다리가 되는 곳은 나의 내면일 것이다. 세속적인 것과 신성한 것의 구분은, 그것이 결국 누구나 경험하는 차원이라는 사실을 분명하게 자각할 때 해결될 수 있을 것이다. 아마도 나는 프레드의 비평에 대답하기 위해 삶의 종교적인 의미와 하나님의 존재를 증명하는 변증가가 될 필요는 없을 것이다. 지금 이 순간은 이 이상으로는 아무 말도 할 수 없다.

프레드가 데이브레이크 공동체를 방문한 후 나에게는 이런 질문들이 남았다. '이 책으로 무엇을 할 것인가? 잊어버릴까, 다시 쓸까, 그대로 출판할까?' 오랫동안 나는 혼란에 빠져 있었다.

그때 예기치 않은 일이 일어났다. 글을 워싱턴 세이비어 교회의 서번트 리더십 학교를 이끄는 고든 코스비와 다이애나 챔버스에게 보내자, 나는 격려로 가득 찬 답신을 받았다. 이번 글은 이전 책들보다 더 그들에게 도움을 주었으며, '사랑받는 자의 삶'이라는 교과 과정을 새로 개설하는 데 영감을 주었다고 했다. 또한 영국의 사우스 파크 공동체의 바트 가비건은 이 글에 매우 열광적으로 반응했다. 고든, 다이애나, 바트 모두 내용을 많이 수정하지 않아도 열매를 거둘 것이니 믿고 출간하라고 부추겼다. "프레드한테는 어떨까요?"라는 내 물음에 그들은 이렇게 답했다. "글쎄요, 프레드가 들어야 할 모든 것을 당신이 쓸 수 없었는지는 모르겠어요. 하지만 프레드는 분명 우리가 들어야 할 것을 당신이 쓸 수 있게 했네요. 그것으로 행복하지 않으세요?"

여기에 저술 작업의 진짜 모순이 있다. 나는 믿지 않는 이들을 위해 무언가 써 보려고 열심히 노력했다. 그러나 그것으로 가장 도움을 받은 사람들은 워싱턴과 런던에서 그리스도인으로서 그 길을 걸어가고 있는 사람들이었다. 프레드가 아니었다면 그들에게 도움이 될 말들을 발견할 수 없었을 거란 사실을 갑자기 깨달았다. 그러나 내게는 이런 모순보다 더한 것이 있다. 그것은 이 세속적인 친구들을 사용해 그분의 제자들을 가르치시는 하나님의 신비다.

결국 이런 깨달음 덕에 나는 새로운 책을 쓸 것이 아니라 여기에 있는 내용을 출판하기로 결심했고, 여기에 없는 내용은 언젠가 진정한 표현 양식을 찾을 수 있으리란 믿음을 갖게 되었다.

감사의 글

이 책은 많은 친구들의 도움을 받아 집필되었고 출판되었다. 무엇보다 먼저 비서 역할을 해 주고 분주한 시간 동안에도 계속 글을 쓸 수 있도록 여러 방식으로 용기를 준 코니 엘리스에게 고마움을 전한다. 그녀의 신실한 우정과 너그러운 지원에 깊이 감사하며 이 책을 그녀에게 헌정한다. 콘래드 위크조렉에게도 감사를 전한다. 탈고 마지막 단계에서 그는 편집자로서 코니와 나에게 여러 방면으로 조언을 해 주었다.

패트리샤 빌과 다이애나 챔버스, 고든 코스비, 바트 가비건, 스티브 젠스킨, 수 모스텔러, 달리 라이스먼, 수전 짐머만에게도 특별히 고마움을 전한다. 크로스로드 출판사의 내 담당 편집자 밥 헬러는 원고를 완성하도록 격려의 말과 구체적인 제안을 해 주었다.

마지막으로 우정과 넉넉한 재정적 지원으로 인해 페기 맥도널과 그의 가족, 친구들에게 감사를 표한다. 독일 프라이부

르크의 프란체스코 공동체는 집필하는 데 필요한 안전한 기도처를 제공해 주었다.

옮긴이 김명희는 연세대 영어영문과를 졸업하고 IVP 편집부에서 일했다. 옮긴 책으로는 『영혼을 세우는 관계의 공동체』 『리더는 무엇으로 사는가』 『예수님과 함께 걷는 삶』 『영성에의 길』 『일곱 문장으로 읽는 구약』(이상 IVP) 등이 있다.

이는 내 사랑하는 자요

초판 발행_ 1995년 12월 10일
개정판 발행_ 2002년 1월 20일
개정판 25쇄_ 2019년 1월 16일
개정2판 발행_ 2020년 9월 10일
개정2판 4쇄_ 2024년 9월 10일

지은이_ 헨리 나우웬
옮긴이_ 김명희
펴낸이_ 정모세

펴낸곳_ 한국기독학생회출판부
등록번호_ 제2001-000198호(1978.6.1)
주소_ 04031 서울시 마포구 동교로 156-10
대표 전화_ (02)337-2257 팩스_ (02)337-2258
영업 전화_ (02)338-2282 팩스_ 080-915-1515
홈페이지_ http://www.ivp.co.kr 이메일_ ivp@ivp.co.kr
ISBN 978-89-328-1771-2

ⓒ 한국기독학생회출판부 2020

책값은 뒤표지에 있습니다.
무단 전재와 복제를 금합니다.